JN315336

文庫

生き延びるためのラカン

斎藤環

筑摩書房

生き延びるためのラカン　目次

生き延びるためのラカン

Lecture 1　なぜ「ラカン」なのか？

この世界に意味なんてない
じぶん探しに答えなんかない
こころが癒されました
生きていて良かった
こころが傷ついた
絶望だ、死んでしまいたい、でも
それはみんなナルシシストのはかない幻想
そう、たとえそれが「愛」であってもね
ほんとうに愛されていたのは鏡に映った自分の姿
でも、ふと気がつくと
鏡のこちら側には誰もいない

とまあ、いきなり絶望的なポエムではじめてみたのだが、どうだろう。猛烈に腹が立ったり、ひきこもりたくなったりしただろうか。

でも、これは僕個人の考えたことでもなければ、裏流出した〝326〟の本音ポエムとかでもなくて、フランスの精神分析家ラカンの思想を、とりわけその邪悪さを倍くらいに増量してまとめたものだ。

このジ**ャック・ラカン**という名前、ちょっとくらいは聞き覚えがあると思う。フランスで一番えらい精神分析家、というよりも、ポストモダンの思想家として有名だった人。うーん、そうだな、精神分析を発明したのがフロイト、これは知ってるよね。そのフロイトに影響を受けて、とうとう俺様が一番フロイト師匠のことをよくわかっている、俺が一番まともな弟子だ、とか言い始めちゃった人がラカンだ。

ところが本人の書いた本とか講義とかの内容が、むちゃくちゃ難しいうえに、逆にちょっとでもわかる人にとっては、ものすごくインパクトが大きかった。おかげでフランスでは、ご本尊のフロイト以上にラカンの信者が増えてしまった。フロイト信者を「フロイディアン」というように、ラカン信者のことを「**ラカニアン**」という。ラカニアンには精神分析家だけじゃなく、思想家、哲学者、映画評論家、社会学者なんかがいて、いまでも「ラカンの教えによれば」とか、まるで聖書か何かみたいな扱いで引用される。いや、それどころか、彼らはふたことめには「精神分析的には」「フロイト‐ラカンの流れでは」なんて言いたがるけど、それって要するに、全部ラカン理論のことだったりするので要注意だ。いかにラカンが絶対視されているか、よくわかるね。まあラカンってのは、だいたいそんなような位置づけの人なんだ。

いまやラカニアンはフランスだけじゃなく、世界中にたくさんいる。ラカンの言葉は、難しいけど曖昧じゃないし、すごく切れ味も良い。おまけに死ぬほどカッコいい。エッセイや論文とかにちょっと引用すると、頭がよくておしゃれな感じでポイント高し。さあ、キミもさっそく使ってみよう。そうだな、彼女にふられたら、ためしにこう呟《つぶや》いてみるといい。「女は存在しない」。どう？　癒されること限りなし。おや、ますます絶望したって？　君、ちょっとラカニアンの素質あるかもね。

さて、この本で僕は、日本一わかりやすいラカン入門をめざそうと思う。なんでそんなものをめざすのかって？　いままでなかったからさ。

いままで僕自身、「わかりやすい」って評判の解説本にはずいぶん眼を通してきたけど、僕の基準で本当にわかりやすい本は、一冊もなかった。一冊も、だよ。ちょっと驚くよね？　ちなみに僕が考える「わかりやすさ」の基準は、「知的に早熟な中学生ならすいすい読める」というあたり。「サルでもわかる」なんて誇大なことは言いません。

で、今出ているおおかたの解説書はね、正直言って中学生にはちょっと難しいと思う。そりゃ偉大な師匠よりは、皆ずっとわかりやすいけどね。一部で大人気のラカン派哲学者、**スラヴォイ・ジジェク**にしたって、言われるほどわかりやすくはないし。でもさあ、ジジェクもそうだけど、なんでみんな、あんなふうに文学的かつ秘教的な語り口になっちゃうわけ？　ラカニアンってさ、入会（なんの？）のときに「わたくし絶対にベタなことは申しません」って宣誓でもしてるのかね？　でも、論文ならいざ知らず、「解説」はベタなほうが、ずっとわかりやすいんだけどなあ。

僕の見たところ、現代の社会は、なんだかラカンの言ったことが、それこそベタな感じで現実になってきているような気がするんだな。そりゃ確かに、精神分析そのものには、もう昔ほどの有効性はないかもしれない。でも、だからといって、なにもかも失敗だったと片づけるにはあまりにも惜しい人類の知恵だ。とくにラカンの考えたことは、ラカンが生きていた時代よりも、おそらく今のほうがずっとリアルに感じられると思うんだけどな。

僕はラカニアンを名乗るほど、信者でも勉強家でもないから、むしろ解説役としては悪くないんじゃないかな。「そんな、私ごときがあの偉大なるラカン老師の解説だなんておこがましい」なんてちっとも思わないからね。いちおうラカンの限界はどこらへんにあるか、ということもそれなりに見切っているつもりだし。そういう小難しげな文章が読みたい人は、どうぞ画期的な名著の拙著『文脈病』（青土社）を買ってください。これを読めば、ラカニアンが人からどんなふうに見られたがっているかも、よくわかるよ。

ラカンの言ったことは、シンプルといえばすごくシンプル。でも、あまりにもその論理が厳密かつ隠喩的なので、やけに難しく見えるだけなんだ。ラカンはたとえば、こんなふうに考えた。こころは、**言葉**だけでできている。そして、言葉にはもともと意味などなく、ひとまとまりの音にすぎない。言葉は**記号**みたいに、直接に何かを示すことはしない。つまり、言葉はものの身代わりじゃない。

「犬の記号」は犬しか意味しないけど、「犬」という言葉は、犬に直接には結びついていない。「犬」は、「猫」「馬」「牛」といった、他の言葉との関係性のなかだけで成立する言葉だ。極端な言い方をすれば、「犬」以外の言葉が存在しなければ、犬も存在しないということだ。あらゆる言葉は、ほかのすべての言葉とのつながり、ネットワークの中に位置づけられて、はじめて成り立つ。意味を決定づけるのは、その言葉じゃなくて、言葉どうしの関係と、その背景にある「文脈」の作用だ。だから、「犬」という言葉が、動物の犬だけじゃなくて、ときには人をののしる言葉や、忠実さのたとえになったりする。

僕たちはふだん、意味とイメージの世界を生きている。これをラカンは「**想像界**」と呼ぶ。ところが、意味を生み出すはずの「言葉」は、じつは言葉だけで独自の世界を作っている。こちらは「**象徴界**」と呼ばれる。このへんの話は、また今度するから、いまは簡単に理解しておいてほしい。

問題は、この言葉だけの世界のほうにある。言葉だけの世界、つまり「象徴界」のメカニズムを、僕たちはじかに知ることができない。だからそれは、「**無意識**」と呼ばれたりもする。そして、無意識の中での言葉どうしの関係が、人間の欲望を生み出したり、あるいは病気の症状をもたらしたりしているのだ。精神分析というのは、こうした、じかには知ることができない無意識のメカニズムを理解するための技術として発見されたわけだね。

いうまでもないことだけど、言葉には実体がない。つまり、言葉は空虚だ。その空虚な言葉でできあがっている僕たちの心も、本当は空虚だ。僕たちが互いに語り合えるのは、言葉を共有しているから。言い換えるなら、おなじ空虚さを共有しているからなんだ。その意味では、言葉は僕たちの社会を支えていると考えることもできる。もちろん言葉は社会そのものじゃない。でも、政治や社会を決定づける僕たちの欲望の、その背後にある存在が言葉である以上、やはり言葉が社会を動かしていると考えるべきだろうね。

ただ、誤解しないでほしい。これは「言葉の力を信じましょう」「なんでも話し合いで解決しましょう」といったお題目とは、百万光年くらいかけ離れた意味だからね。ラカンならむしろ、話し合いによる合意の不可能性について、雄弁に語ったはずだ。ちょっと安易なたとえかもしれないけど、ここで僕が言いたいのは、一見合理的な話し合いによって動いているようにみえる社会も、実は「無意識の言葉」によって大きな影響をこうむっている、ということ。最近の同時多発テロとかみていると、まさにラカンの正しさが証明されたような感慨すら覚えるくらいだ。

それじゃあ、人間はどんなふうにして、言葉だけの世界に生きるようになったのか。それは人間の乳幼児期についてのラカンの考えから説明する必要があるんだけど、それも次章以降にまわそう。この本では、僕はラカンを体系立てて説明しようなんて、ぜんぜん考えていないから。気分次第の風まかせで、ごくお気楽にやらせてもらうつもりだ。

さて、いきなり気まぐれな応用編だ。まずはつかみをかねて、ケータイについて分析してみよう。

電車の中で**携帯電話**を使う人間は、いまや世界中で憎しみの対象だ。カレがケータイで喋《しゃべ》る姿があまりに素敵なので恋に落ちた、という女性がもし居たら、ぜひお目にかかりたいくらいだ。ことほどさように、あらゆる人間にとって、電車内の携帯電話は不快な行為なのである。つまり、嬉しそうに電話を掛けている当人を除いては。これは一体、なぜだろうか。すでにいろんな説明が、あるにはある。

《1》周囲の人間を無視している態度が気に入らない。これはダメ。無視というなら、

iPodを聴きながら漫画を読んでいる人間だって、周囲を無視している。でもまあ、あなたがiPodを初めて見た人間でもない限り、あるいはヘッドホンから歌詞まで聴き取れるほど音漏れでもしていない限り、携帯電話ほどの不快は感じないだろう、たぶん。

《2》たんに傍若無人《ぼうじゃくぶじん》だから。これもダメ。考えてみてほしい。二人の若者が大声で談笑している姿と、一人の若者が大声で携帯を掛けている姿と、どちらが不愉快か。いうまでもなく後者ですね。傍若無人という程度がほぼ数量的に、というか音量的に同一であるならば、携帯の方が不快指数が高い。これはたんに傍若無人だけでは説明できない。

《3》電話というプライヴェートな行為を、人前でするということは、周囲の人間を人間扱いしていないという屈辱感を味わわせるから。なるほど、一理くらいはあるかな。きみはたぶん会田雄次『アーロン収容所』（中公新書）を読んだんだね。イギリス人女性が、日本人捕虜の前で平気で着替えたりするのは、日本人を同じ人間と見なしていないから、という「伝説」ね。僕なんかこのエピソードの演劇性の方が気になるくちなんだけど、まあそれはいいや。

　でも、プライヴェートな行為ということなら、電車内の化粧はどうかな。僕はあれ、言われるほど不愉快じゃない。ちょっと、みっともないとは思うけど、でも携帯ほどには不快感はないな。ましてウワサに聞く「電車内着替え」なるものなら、ぜひ一度拝見してみたいと思うくらいだ。

さて、ここまでで携帯電話の不快に関する解説は出尽くしたわけだけど（ホントか？）、ごらんの通り、どれも説明になっていないね。ラカンを援用すれば、こんな問題はすぐに解ける。

それでは、正解。電車内で携帯電話をかける人は、電車内で訳のわからない独りごとを大声で呟いている電波系の人と同じ存在だから。あの理屈抜きの、ほとんど反射的な嫌悪感のみなもとは、実はそこにある。

電波系の人、ひらたく言えば**精神病**の人というのは、僕たちと同じ言葉を喋れなくなった人のことだ。すくなくとも、ラカンはそう考えていたし、僕もそれに条件つきで賛成する。ただし現実には、キミたちが精神病の患者と話をしても、ちゃんと普通に会話は成り立つと思う。ラカンが言っていることは、あくまでも理念的な精神病、つまりラカンにとって理想的に狂ってしまった人にだけ、完全に当てはまるだろう。僕がラカンに賛成なのは、そんなふうに、常に徹底して厳密に考え抜こうとする姿勢に対してであって、その言葉をそのまま臨床に持ち込もうとは思わない。まあ、当たり前のことだけど、念のため。

精神病の人の言葉は、どんなに表面上は僕たちの言葉に似て見えても、本質的に「ちがう世界」の言葉なのだ。それがもっともはっきり示されるのが、「**独語**」の症状。まさに本人にとってだけ存在する世界との対話、それが独語だ。だから、たとえ精神病じゃなくても、独り言を呟き続ける人は、どこか僕たちに異様な不快感を与える。同じ世界にいるはずの人が、別の世界を背負って歩いているようなものだからね。

携帯電話もまったく同じこと。ここではないちがう世界と電波で交信しているという点では、携帯人間も精神病患者も本質的に変わらない。いや、もし精神病であることがはっきりしているなら、いずれ独語にも慣れることができるだろうけど、携帯電話はそうはいかない。僕たちは、異常な人間の異常な振る舞いには適応できるけど、普通の人間の異常な振る舞いには、なかなか慣れることができないものなんだよね。

……とまあ、ラカンの切れ味というのは、ざっとこんなものだ。僕が思うに、今の社会には、ラカンじゃなければ解けないことがあまりにも多い。なるほど、ラカンの言葉は、たしかに悲観的でニヒリスティックに響くときもある。でも、幻想に取り込まれずにものを考える出発点としては、けっして悪くない。

癒しも幻想だけど、絶望はもっと幻想だ。もちろん幻想が好きな人には、余計なおせっかいするつもりなんかない。寝ていたい人は寝かせといてあげよう。でも、僕は覚醒していたい。幻想と現実がどんどん接近しているようにみえるこの世界で、できるだけリアルに生き延びたい。そのためにも僕たちには、いまこそ「ラカン」が必要なのだ。

Lecture 2　あなたの欲望は誰のもの？

　この本は、言葉と心の関係についての話からはじまった。つまり、心は言葉でできていて、そのために途方もない自由さを得たけれども、同時に果てしない空虚さをも抱え込んだ、ということだ。これ、ラカンの精神分析にとっては、かなり基本的な視点だから、しっかりおさえておいてほしい。なにしろ、ラカンにとっての「言語」の重要性がわかっていないと、その理論はますます謎めいたものにしかみえなくなるからね。

　いいかい、すべての基本に言葉（＝**シニフィアン**、この言葉についてはあとで説明する）があるという「真理」について考えてみてほしい。「ハァ？　何すかソレ？」「んなわけねーだろ！」とか言わずにさ、ここではとりあえず、そういうことにしておいてほしいんだ。これは僕からの、つまり日本一腰の低いラカニアンからのお願いだ。

　たしかにキミたちの実感には、すぐにはしっくり来ないかもしれない。正直に言えば、僕もそう感じていた時期があった。でも、いったん「言葉がすべて」って仮定してみると、意外にも、いろんな発見があるんだな。すくなくとも僕の考えでは、こころの成り立ちを「言葉」主体に考えたほうが、いろんな意味で洞察が深まりやすくなると思う。

それが本当かどうかは、もうちょっと僕の話につきあってくれれば、だんだんはっきりしてくるだろう。

さて、こころと言葉の関係については、またおりにふれて話すけれど、その前に「**欲望**」について、しっかりと理解を深めておこう。これも超大切なコトバだけど、ラカンの使い方は、僕たちが普段使っている意味とはちょっと違うものになっているからね。「欲望」もまた、精神分析における重要なキーワードだ。精神分析というのは「欲望の科学」だ、という人もいるくらいだし。僕も条件付きで、ほぼそれに賛成だ。

言葉を使うことによって、人間は「欲望」を手に入れた。このプロセスは、すごく重要で決定的なことだ。おおざっぱに対比するなら、動物は「**本能**」と「**欲求**」に突き動かされ、本能の欠如した人間は「欲望」に従う。そんなふうに言うことができるだろう。ここで「本能の欠如」という言い方に引っかかった人もいるかもしれない。人間についても「生存本能」とか、「母性本能」とか、よく言うものね。日常的にも「本能的に〜」という表現が普通に使われているし。

でも、ちょっと考えてみてほしい。動物の本能というのは、遺伝子にプログラムされた特殊なソフトウェアのことだ。これがあるから動物たちは、誰に教わったわけでもないのに（あるいはごく単純な刺激を引き金として）、異性の個体と出会えば性行為に及んだり、巧みに獲物をつかまえたりすることができるようになる。その意味では、動物はとても精巧にできたマシーンみたいなものだ。つまり、ある状況下での反応や行動パターンが先天的にプリセットされている、という意味で。だからロボット犬ＡＩＢＯも、その意味では動物と同等と考えていい。

それじゃあ、人間はどうなのか。もちろん、人間は動物とはちがう。だいたい人間は、教わらなければ何もできない。言い換えるなら、あらゆる行動を、それこそケンカやセックスに至るまで、後天的に、学習によって修得する必要があるのだ。そして人間の学習は、そのほとんどが言葉の助けを借りて行われる。だからもちろん、「欲望」も言葉に根ざした学習の産物なんだ。

欲望と欲求のちがいを考えるうえで、ここでは「性欲」を例にとろう。動物の性欲は、「発情期」という言葉があるように、タイマー付きのプログラムとして遺伝子に書き込まれている。発情期に異性と出会ったら、どんなふうに誘惑し、どんなふうに性行為に及ぶかが、はっきりとパターンとして定まっている。だから、性行為は完全な満足で終わるわけだし、発情期以外には性欲そのものが湧いてこない。ちなみに動物でも、発情期がなくて年中交尾している「ボノボ」って猿みたいな例外もある。要するに、いつでも発情期ってことだ。なんでもボノボは、遺伝的にはチンパンジーよりも人間に近いらしいんだけどね。

さて、人間はどうか。まず人間は年中発情期ですね。これを否定する人はいまい。性行為の知識は先輩とかＡＶなどによって学習されますね。異性との出会いから性交に至るまでのパターンは「恋愛」の名のもとにきわめて複雑でしちめんどうくさい洗練をとげています。そして、性行為。ここにもいろんなパターンがあるけど、共通していることは、人間が性行為によって完全に満足することがあり得ないということ。

よく、猿にオナニーを教えたら死ぬまでやり続ける、と言われる。これ、僕はホントか嘘かはよく知らない。でも、こういう言い方は、すごく精神分析的な意味で、人間を特権化しているんだね。この言い方にはもちろん、その裏側に「人間はオナニーを死ぬまで続けるなんてことはしない。サルってバカだね」という暗黙の合意があるわけだ。

それでは、なぜ人間はオナニーし続けることができないか。男性を例にとるなら、射精の後で虚脱するからだ。この射精後の空虚感は、三〇年くらい前なら罪悪感で説明できた。なにしろオナニー害悪説は根強かったし、そもそも昔は「自瀆」って言ってたんだからね。さすがに今は害悪説のような「迷信」は消えたけど、それでも射精後の空虚感は変わらず存在する。僕の考えでは、この空虚感こそが、欲望本来の空虚感なんだ。射精によって欲望の生理的側面が満たされたかに錯覚するわずかな時間だけ、オトコたちは性欲の本質的な虚しさを、ほんの少しかいま見ているってわけだ。

さて、もう一度確認しよう。欲求は満足することができる。でも欲望は、決して満足しない。そして、人間の活動は、そのほとんどがこうした「満たされない欲望」のうえに成立している。僕たちは自分の抱えた欲望を、そのつどちょっとずつ満たしてやることで、最終解決は先送りしながら生きている。もっと言えば、実は最終解決なんて、本当は存在しない。

がっかりした?

でもね、「欲望」ってある意味、すごく良くできたエンジンだと思うよ。「人間を動かす」っていう意味ではね。だって、最終解決があるとわかったら、みんなそれにはじめから飛びつくに決まってるじゃない。でも、もしそんなことになったら、もう人間は進歩も成長もしなくなるだろう。僕とキミとでは欲望の形が違っていて、それぞれにその満足を懸命に追求しようとするからこそ、この社会もそれなりにうまく回っていくのかもね。

実はこういう欲望のメカニズムは、「**資本主義**」システムのそれとよく似ている。いろんな問題解決を常に先送りしながら成立しているこのシステムは、その究極的な解消がありえないことが、システム成立のための重要なよりどころになっている。その意味では人間の欲望のあり方と、すごくよく似ているわけだ。もちろん「だから資本主義が一番すばらしい」とかいう、ベタな話じゃないけどね。

あるいは、「**嗜癖**」の問題も欲望と関係がある。アルコール依存、薬物依存、ギャンブル依存と、ほとんどの人間の営みは依存、つまり嗜癖に結びつく。ちなみに「人間関係」に依存になった人が、いわゆる「**ストーカー**」だ。これもまた、「欲望の際限のなさ」がそのまま病理としてあらわれたものと考えていい。ほとんどの現代人は、誰もが多かれ少なかれ、こうした嗜癖性を抱えて生きている。アル中まではいかなくたって、キミたちもゲームやチャットにハマったことくらいあるでしょう？

まあ、そもそも嗜癖に至るほどの過剰な欲望がなかったら、文明社会もあり得ないわけだしね。いわゆる未開社会の多くは、いろんなしきたりや儀礼などで欲望に幻想のタガをはめている。それは社会の流動性や自由な発展を犠牲にして、安定と存続のほうを取ったと考えることもできる。でもそうなると、いったいどちらが賢いかなんて、誰にもわからないよね。

ともあれ、欲望の特徴が、その本質的な充足の不可能性にあることはわかった。それでは、その欲望はどこから来るんだろうか。

ラカンの言った言葉でいちばんよく引用されるのが「**欲望は他人の欲望である**」というものだろう。そう、ラカンは欲望が僕たちの内面にあらかじめ備わっているわけじゃなく、常に他人から与えられるものだ、ということを強調したんだ。これにはいろんな言い回しがあって、ほかにも「**欲望は、それを他人に認められることで初めて意味を持つ**」というのもある。いずれにしても、完全な孤独にあっては、欲望は生じない。みんながが欲望を持っていると信じられるから、僕も欲望を持つことができるのだ。

これはたぶん、いちばん実感的にわかりやすいところじゃないかな。たとえば、もういらないから捨てようと思っていたオモチャを、友達が「いらないならちょうだい」と欲しがったとたんに、すごく惜しくなったりすることってあるよね。社会的にみても、あるものが集団的な欲望の対象となる、つまり「ブーム」になる背景には、こういう欲望のメカニズムが作用していることが多い。昔「たまごっち」や「ファービー人形」に行列ができたのは、なにもファービーがものすごく優れたオモチャだったからじゃなく、単に「みんな」が、一斉にそれを欲しがったからだ。「他人が（一斉に）欲しがっている」ということは、とりわけ現代にあっては強烈な欲望の根拠になる。そうでなきゃ、そもそも「サクラ」って商売がなりたたない。

ここでちょっと、僕の専門である「**ひきこもり**」について考えてみよう。いままでの話の流れから言えば、彼らはひょっとすると、欲望追求の空虚さにいちはやく気づいただけの人たちかもしれない、と思うことがある。いや、もちろんひきこもりの青年たちにも欲望はあるけれど、それがなかなか行動に結びつかないんだよね。つまり、欲望はあるけれど、その対象が、なんというかリアルじゃないんだ。

なぜリアルじゃないのか。いくつか理由は考えられるけれど、いちばん大きいのは、他人との接点がない、ということじゃないかと思うよ、やっぱり。たったいま説明したように、欲望は他人の欲望だ。僕はこれを言い換えて、「欲望は自分の中から勝手に芽生えてくるものじゃない。他人からもらうものだ」と説明することが多い。欲望の対象がリアルであるためには、同じようにそれを欲しがる隣人の存在が必要なんだ。そして、ひきこもり青年たちには、そういう存在が欠けている。だから、欲望の追求のために、わざわざ行動を起こす気になれないんだろう。

もちろん、欲望についてラカンが言おうとしたことには、もっとずっと抽象的な次元も含まれている。そう、たとえば欲望と言語の関係とかね。そのへんについては、また後で説明する機会もあるだろう。

さて、いまから二〇年以上前、西武百貨店のポスターに、こんなコピーがあった。

「ほしいものが、ほしいわ。」

糸井重里によるこの名コピーは、欲望の本質をとてもよく表している。

高度成長期には、みんなが「欲しいもの」を持っていた。車とかカラーテレビ、冷蔵庫といった共通の欲望が、まるで実体として存在するかのようだった。そういう豊かさのシンボルを手に入れようとして、みんなモーレツに頑張ることができた。それは、ちゃんと「欲望」にカタチがあったという意味では、幸福な時代だったのかもしれない。

でも、社会が成熟し、安定期に入ると、僕たちは物質的には満たされてしまった。もう僕たちには、いますぐ切実に欲しいものなんか何もない。せいぜい「おいしい生活」

をまったり楽しむことを、ささやかに願うくらいだ。でもそんな暮らしの中でも、僕たちはひそかに憧れている。そう「何かを切実に欲しがる心」に。

　こーゆーココロの変化が、なにか時代の病理のせいみたいに言われたこともあったけど、必ずしもそうじゃないんだな。むしろ、これこそが人間の欲望の本質にもっとも近い事態なのかもしれない。

　思うんだけどさ、大多数の人々がすごく貧しい時代って、誰も精神分析なんかに用はないんだよね。だって、みんな食べることで精一杯だし、そこでは欲望は限りなく欲求に近いものになるわけだから。ある意味、欲望の追求も満足も、とても単純明快になされることになる。

　でも、時代が進んで、だいたいの人が衣食足りるようになってくると、人々の心も、その精神分析的な本質をあらわにするようになってくるんじゃないか。いや、物質的な充足だけじゃない。僕はこれに加えて、コミュニケーション的な充足という面も大きいと思う。どういうことかって？

　携帯電話やインターネットは、あらゆる人に、多様なコミュニケーション・ネットワークに参加するチャンスを与える。そう、もはやコミュニケーションに辺境はない。誰もが、その意志さえあれば他人とつながることができる。この変化は、あんがい決定的なものかもしれない。

社会が成熟していく段階の中に「物質的に満たされても、心が満たされない」という過渡的な状況がある。でも、これは要するに、ネットワークが不備な時代には、コミュニケーション弱者の孤独がいっそう深まりやすくなるということだ。現代のように、ネットワークが幾重にも張りめぐらされて以降は、こうした孤独は意志的に選択されなければ成立しなくなってくる。もっと正確に言えば、いまや孤独な人はかつて以上に「好きこのんで孤独になっている」という印象を持たれやすいため、孤独のまま放置されやすくなっているような気がする。

コミュニケーションのネットワークが発達してみて、はじめてわかったこと。それは、コミュニケーションだけで満たされてしまう人たちが大量に存在するという事実だ。携帯電話のせいでCDが売れない、とかはそういう現象のあらわれだろう。携帯で楽曲をダウンロードしやすくなったためとは思えない。実はこれも、欲望の満足を先送りしているに過ぎないんだけど、「誰かと話をする」っていう行為は、先送りのための最良の手段なんだよね。そうなると、いよいよ「欲望の無根拠性」という、ラカン的な事態がはっきりみえてくる。

前にも話したけど、なんだか最近の世の中って、ラカン的な解釈があまりにもベタに当てはまるような事象が多すぎるような気がする。ちょっと古い話題になるけど、あの田中真紀子サンのヒステリー性とか、田代まさしの自滅的な「死の欲動」とかね。

いろんな進歩だの進化だのの結果、僕たちは物質的な貧困、コミュニカティブな貧困、その双方から急速に解放されつつある。それとともに、僕たちの欲望はかぎりなく精神分析的なものになるだろう。そう、フロイトが言ったように、それは「満たされない欲望を持ちたいという欲望」なんだ。「ほしいものが、ほしい」っていうのは、そういうこと。いまや僕たちが求めるのは「満たされない心」そのものだ。

若者がリストカットを何度もこころみたり、カルトにはまっていったりする心理も、もちろん単純なものじゃないだろうけれど、背景にはこういった「欲望を持ちたい欲望」があるんじゃないかな。自傷行為は大したきっかけもなしにはじまって、繰り返しているうちにそれに依存するようになってくる。で、そうなるころにはすっかり「私は満たされない心を埋めるためにこれをしているんだ」っていう思いが固まってしまうってわけだ。

いっぽうカルトは、一時的には癒しも与えてくれるだろうけれど、いずれ教祖や幹部が、いろんな無理難題で信者を悩ませたり苦しめたりするようになる。そのころには信者にも、ただ一心に「教祖様に気に入られたい」という欲望が生まれていて、それが一種の生きがいになっていく。つまり、どっちも新しい欲望を獲得するための行動と言えなくもない。

じゃあ、もっと上の世代はどうか。たとえば、いま中高年を中心に盛り上がってる

「ロハス」や「スローライフ」って言葉があるね。あれ、どう思う？　あれは要するに、引き算文化だ。あれもこれもと貪欲に頑張る人生をちょっと降りて、環境に配慮しつつ地域に根ざした、身の丈にあった生活を楽しみましょう、ということだよね。僕なんかすぐ「じゃ、これからはニート・ひきこもりもLOHAS組ってことで!!」とか提案したくなるけど（実は本気《マジ》です）、まあ世間は許さないわな。なぜなら引き算文化は、さんざん足し算をしてくたびれきった勝ち組のみなさんだけが、最後に辿り着く憩いの地なんだから。でもああいう、あえて欲望を抑制する文化も、僕には「満たされない欲望を持ちたい欲望」の産物に見えるんだけどなあ。

Lecture 3 「それが欲しい理由」が言える？

この章ではまず、僕の話が、手前勝手な解釈で変なことになっている「俺ラカン」じゃないことを証明するために、ちょっと引用からはじめてみよう。だいたいはラカンの主著『**エクリ**』って本からだけど、それ以外の本も少し混じってる。今回は「**欲望**」に関して。ただし学術書じゃないしメンドーなんで、いちいち引用元は書きません。

・欲望は、**他者**の欲望である。
・欲望の根源は、他者の欲望である。
・男の欲望は、他者の欲望に似せて形作られる。
・人間のあらゆる知は、他者の欲望によって媒介されている。
・人間の欲望の満足は、他者の欲望と働きによって媒介されるほかはないものである。
・人間の欲望は、他者の欲望において意味をもつ。なぜなら、その第一の目的が、他者によって認識されることであるから。

・他者の欲望の根源に**ファルス**がある。
・ファルスは、他者の欲望の象徴である。

ちなみにファルスってのは「ペニス」のことです。いやいや、今はなんだかわかんなくてもOK！　ここはまあ流し読みしておいてくれればいい。それにしても、なんかやたら、欲望とか他者とかいう言い回しが出てくるね。で、タネを明かすと、ここで言うところの「他者」っていうのが、ほぼイコール、「言葉」のことなんだ。

ここはかなり本質的なところなので、ちょっと丁寧に説明しておかないとね。

まず精神分析について、考えてみよう。「ブンセキって、なんか患者に連想とかさせて、あといろいろ根ほり葉ほり聞いて、トラウマ掘り出して一丁あがり、みたいな」とか思っているキミ。それはあまりに通俗的なイメージに染まりすぎているぞ。というか、キミそれわざと言ってる？

……まあいいや。精神分析は、その過程において、たしかに**トラウマ**的な記憶を喚起したりする場合もあるけれど、けっしてそれだけが目的じゃない。あ、知ってると思うけど「トラウマ」っていうのは「心の傷」のことね、念のため。トラウマに限らず、言葉にならないもやもやしたいろんなものが患者を苦しめているとき、それを一緒に協力しあって、なんとか言葉にしていこうという共同作業なんだ。ここでいう「もやもや」

には、もちろんトラウマも含まれるけど、もうひとつ、重要なものがある。

それが、「**欲望**」だ。

「欲望」が「もやもや」ってどういうことよ？　と不思議に思うかもしれないね。自分の欲しいものくらい、自分でわかっている。そう、その通り。でも、ちょっとまって。キミたちは自分が「なぜそれが欲しいのか」をうまく説明できるかな？

「欲しいものは欲しいんだ、理屈なんかない」「や、みんないいっていうから」「友人の紹介」「二〇％引きで安かったから」「他社製品よりも薄くて軽いし、速くて正確だし、全体的にさっぱりしているから（なんだそれは）」「抑圧されたペニス羨望だから」……。

ふむ。約一名ひねくれ者がいるようだが、だいたいそういう説明になるよなあ。説明を放棄するか、他人の欲望をもってくるか、そのものの特徴を語るか。でも実は、特徴を語る人も、つまるところは他人の欲望を持ってきているわけで。スペックの比較って、そういうことでしょう？

こういう価値判断の評価って、つまりは欲望のモノサシとして、みんなに共有されているわけです。その典型が「価格」、すなわち貨幣価値ね。こっちはこっちで、ややこしい議論がいっぱいあるわけだけれど。つまり、どんな人でも自分の欲望を説明するには、他人の尺度を持ってくるしかないのだ。ということは、要するに、誰にも自分の欲望について、「自分だけの理由」を説明することは不可能、ってことなのか？

フロイトの天才的だったところは、欲望、つまり価値判断に**「性」**を持ち込んだところだね。欲望のおおもとに**セクシュアリティ**を想定すれば、欲望のもっとも個人的な理由に接近できる。なぜかって？　人間の欲望の中で「性」がいちばん個人的なものだからだ。これはいまでも大発見というだけの価値がある。

さっき、ペニス羨望がなんたらというひねくれ者がいたでしょう？　この説明は、いっけん自己分析として有効にみえるかもしれない。でも、ダメなんだ。このひとがしようとしていることは、自分の性じゃなくて、「一般的な性」を語っているにすぎないから。**自己分析**が困難、というか不可能なのは、どうしても、何を語っても一般論になってしまうからなんだね。でも、一般論じゃ有効な分析になりにくい。分析のほんとうの「答え」は、必ず治療関係の中で、一回かぎりの個人的なものとして「発見」されなければならないものなんだ。

ところで、「性」を特権化しようとすると、必ず世界中から、すごい勢いで反対される。フロイトの頃もそうだったし、実はいまでもそう。みんなにののしられた精神分析家たちは、「誰でもホントのことを指摘されると腹が立つんですよ。これを**『否認』**と言って……」なんてえらそうに言いわけするものだから、ますます嫌われる。もっとね、戦略的にやらないと……いや、これはまた、ずいぶんと脱線しちゃったな。こっちの話はまたいずれ。

さて、そんなわけで、ほとんどのひとは、自分が何をもとめているかを知らない。それをちゃんと言葉で語れるようになれればいいな、というのが精神分析家の願いだ。そして、あらゆる欲望を可能にするものもまた、言葉であるということ。これも、とても大切な前提だ。

ただし「前提」であっても、「真実」とは限らないよ。そもそも精神分析家は、誰に対してもそういう押しつけはしない。それなら、精神分析はただの学問だし、分析家はただの学者だ。僕らが「精神分析」とだけ言って、めったに「精神分析学」と言わないのは、それがある種の前提と関係を共有することで、はじめて成り立つ技術の体系だから。もし「精神分析**学**」だったら、関係を共有することなしに、いくらでも一般論が言えてしまう。でも、それじゃぜんぜん、治療にはならないんだ。

もう一度言うけど、僕たちは精神分析を信じたくないひとまで、無理に説得しようとは思っていない。ただ、精神分析が与える、いくつかの前提を受け容れてくれるひとたちだけと、治療（分析）関係を結び、専門家として技術を提供する。そういうことだ。

ううん、なかなか話が核心にちかづかないな。よし、一気に行こう。

生まれて間もない赤ん坊は、ママと自分の区別がつかないらしい。この、母子が一体化した満ち足りた空間は、人間の心のおおもとを育む、原始のスープみたいな混沌だ。

でも、まだここには「人間」はいない。赤ん坊は万能の海の中で、なにも知らずに漂っている。ところが、この混沌とした幸せな世界をかき乱すものがあらわれる。それがパパだ。パパは、赤ん坊とママとの間に割り込んできて、いろいろとジャマをする。このジャマのことを精神分析では「**去勢**」って言うんだけど、これもいずれ、ゆっくり説明しよう。ジャマされた結果どうなるかというと、子どもは「**言葉**」を獲得するんだ。

なぜそうなるかって？　言葉がなんのためにあると思う？　そう、コミュニケーションのためだ。でも、赤ん坊にとっては、それ以上に大切な意味がある。小さい子はだいたいそうだけど、ママがそばにいないと、不安で泣き出しちゃうでしょう？　あれは、「眼にみえないものは存在しない」っていうのが、子どもの世界のきまりだから。それがどうして平気になるかっていうと、「ママのかわり」をみつけるから。たとえばライナスの安心毛布なんかが良い例だ。でも、究極の「かわり」は、やっぱり「言葉」なんだね。

え？　言葉って記号のことかって？　ちょっとちがう。少なくとも、精神分析的に言えばね。

記号っていうのは、意味しかないわけ。つまり「意味の代理物」なわけです。ところが言葉はそうじゃない（正確にはシニフィアンとか言うべきところだけど、ややこしくなるから、このままいこう）。言葉は「存在の代理物」なんだな、もともと。「母親」とか、あとで話すけど「ペニス」とか、人間にとって超大切なもののかわりとして、言葉が生まれたわけだ。

ちなみに「いないいないばあ」で子どもが喜ぶのは、大人がヘンなことをしているのが面白いからではなくて、あれは存在論的にスリリングなんですな、たぶん。さっきも言ったように、ママが「いないいないない」と顔を隠した瞬間、子どもは本当にママが消えたように感ずるわけ。これはものすごく不安で不快なことだ。でも、そう感じかけた瞬間にママが「ばあ」と出現するから、赤ん坊はすっかり安心して笑い出す。あれは実に、奥の深いあやし方というべきだ。

ところで、言葉っていうものは、もちろん自分で作り出すものじゃない。成長とともに、親やテレビ、きょうだいや友達などから、時間をかけて学習するものだ。だから、言葉は自分の一部じゃないし、完全に自分のものにもならない。言葉とは、いうなれば、子どもがはじめて出会う、最初の大いなる他者なんだな。だから言葉を学ぶっていうことは、「**他者**」を自分にインストールすることだ。

ところで、どうしてこの他者が必要になったかと言えば、それは「存在の代理」としてだった。言葉そのものは当然ながら、なんの実体ももたない空虚な音に過ぎない。その意味で、言葉は空虚な他者とも言える。そう、そんな他者を自分自身にインストールするっていうことは、自分の中心に「言葉という空虚」を抱え込むことなんだ。精神分析によれば、この過程は人間が人間になるうえで、どうしても欠かせない必然的な出来事ということになる。よく「人間の欠如した主体」なんて言い回しがあるけれど、要はそういうことだ。で、「欲望」っていうのが、この欠如を埋めたいというところから来ているんだけど……。

なかなかいいところまできたけど、いったんはここまでとしよう。でも、ここまでわかれば、冒頭にもってきたラカンの引用も、なんとなくわかるような気がしてきたでしょう？

Lecture 4 「こころ」はどれほど自由か？

突然だけど、ちょっとした実験につきあってもらえないかな。なに、痛くないし、すぐ終わるから。実は、少しばかり「連想」をやってみてほしいんだ。連想っていうのは、そう、「連想ゲーム」とかの連想だ。ただし、条件を三つつけよう。できるだけ自由に連想してほしい。前の言葉と関係がないほどいい。それと、あまりゆっくり考えず、できるだけ素早く連想してほしい。それから、思い浮かんだ言葉は、恥ずかしがらずになんでも口に出してみること。じゃあ、やってみよう。正直にやってくれよ。できればテープか何かに録音するといい。

どうだった？　僕はこんな感じ。「どんぐり、山鳩、空、青リンゴ、金魚、睡蓮、みつばち、花屋、かごの鳥、代返、どじょう、近代、桜井、ロマン、蟹、サプリメント、だんじり、土間、作業、鈍感」ところで途中に出てくる「桜井」って、誰だろう。って、聞かれてもわかんないか。なんでこんなことをしてもらったかっていうと、「自由に連想を働かせる」っていうことが、実はあんがい難しくて不自由なことなんだと知ってほしかったから。

確かに、人間の思考は、とても自由に見える。つまり、権利上は自由、ってやつだ。でも、事実上は、すごく不自由なものなんだ。とくに、あれこれ思考をいじくり回す時間を奪われてしまうと、思考は本来の不自由さをいっそうあらわにしてくる。不自由であると同時に、予想もつかない連想まで飛び出して来たりする。だからこの実験は、できるだけ一人でやったほうがいいよ。思わぬ心の秘密が飛び出してくることがあるからね。

精神分析の知識がある人は、これが「**自由連想法**」のまねごとだって、すぐにわかったろう。自由連想っていうのは、フロイトが発明した精神分析の技法のひとつだ。あるときフロイトは、面接していた自分の患者から「せんせい、いちいち話の腰を折らないでさあ、もっとあたしの好きに話させてよ」（大意）と文句を言われて、「ふん、そんな生意気言うなら、もうこっちからは何にも聞いてやらんもんね。とことん自由に喋ってもらうもんね」（推測）と考えて編み出された（ただし、ある作家の「心に浮かんだことをすべて書き記す」という言葉も遠いヒントになってはいるとのこと）。カウチに寝そべって、その背後に分析家が座ってというおなじみの風景は、だいたい自由連想をしているシーンと思ってくれればいい。

ちょっと脱線するけど、フロイトって、医者としてみると、実はそんなに治療はうまくなかったらしい。だからしょっちゅう失敗もしている。でも彼が偉いのは、失敗を隠蔽するどころか、こまかい事例報告にまとめて、堂々と発表し、そこからいくつも画期的な概念をみちびいたところ。失敗を転じて素晴らしい創造性を発揮するところなど、まさに失敗の天才だ。もっとも、いまほど医事訴訟とかうるさくなかったから出来たという事情はあるだろうけどね。「自由連想法」だって、いまじゃ精神分析の根幹をなす、画期的な方法だったわけだしね。

フロイトもこの手法に至る以前は、患者に**催眠**をかけて過去のトラウマ体験を思い出させ、忘れられていた感情を解放することで治療をするという「**カタルシス法**」を行っていた。でも、この方法ではうまくいかない患者が多かったり、患者が治療者に依存的になりすぎたりと、あまり良い結果にはならなかったんだね。もっとも、フロイトは催眠が下手だったというから、ここでも失敗が良い結果につながったわけだ。

催眠よりも自由連想のほうが優れているのは、イメージから言葉へ、という本質的な変化がそこで起こったからだ。催眠は、なんといってもイメージのほうに重点がある。それだけ容易だったり、わかりやすかったり、さらにいえば効果的だったりする点もあるんだけど、そのぶん「分析」も浅くなってしまいがちだ。イメージって無意識に迫る場合には、けっこう障害になりやすいからね。ところが自由連想は、言葉だけに頼らざるを得ないぶん、イメージのバリアーを越えて無意識に到達しやすくなる。

余談だけど、実を言えば、いま精神医学の主流は、ふたたびイメージ的なものに戻りつつあるのも事実だ。とくにトラウマの治療などは、そのほうが実際に効果的でもあるから、これは当然のことかもしれない。でも、ここではっきりさせておくけど、僕が重視している「分析」の立場というのは、治療よりも理解と解釈に力点がおかれている。

だから僕は、治療者としてはまったく分析はしないけど、患者理解や人間一般の理解においては、まだまだ分析の力は有効であると考えているってわけだ。実はこれ、僕ひとりだけの考え方じゃない。精神分析を大切に思っている日本の精神科医は、たぶん大半がそういう態度で治療をしていると思う。とくに個人クリニックじゃなくて、一般の精神科病院に勤務している医師は、時間の制約やなにかで、どうしてもそうせざるを得なくなるからね。

さて、だいぶ脱線しちゃったね。そろそろ話を戻そう。自由連想のきっかけは、なんでもいい。単語でも、自分の思いついたイメージでも、あるいは夢の中の出来事でも。ちなみにフロイトは、自分の夢を分析するために、自由連想を用いたらしい。

それと、自由連想法は、当時さかんだった**シュールレアリズム**運動にも影響を及ぼした。シュールレアリストたちにとっては、「無意識」が汲めどもつきない創造の源泉に思えたんだろうね。で、「**自動書記**」という、まあ日本には古来からある「お筆先」みたいなもんだけど、思いつくままどんどん連想だけで言葉を並べていくという手法に利用したわけだ。たしか詩人の**ギョーム・アポリネール**とか、映画監督の**ルイス・ブニュ**

エルとかの応用が有名だったと思うけど、作品として成功したものは多くないし、いまはすっかり、廃《すた》れてしまっている。なぜかって？　そう、これが最初に話した「連想の不自由さ」ゆえなんだね。

連想は、常に言葉でなされる。そう、それがたとえイメージの連なりにみえたとしてもね。実際のところ、意味やイメージは言葉の副産物なんだ。このへん、あとでくわしく説明するから、今は納得いかなくても、そういうものなんだということにしておいて。じゃあ、言葉はどんなふうに連なっているか？　意味で？　いや、そうじゃない。意味というのは、実は言葉のイメージ的な側面に過ぎない。言葉の本質は、「音」にある。そう、いわゆる「**シニフィアン**」だ。そろそろやっかいになってきたね。でも簡単に済ませておこう。

いいかい。言葉には二つの側面があると考えてほしい。ひとつはシニフィアン、つまり音で、もうひとつは**シニフィエ**、つまりイメージ（＝意味）だ。言葉とその対象物、というふうに考えてはいけない。それだと、言葉はたんなる「記号」になってしまう。ここで大事なことは、シニフィアン（音）とシニフィエ（イメージ）の結びつきには、なんの必然性もないということ。それから、シニフィアンが喚起するイメージには、かなり幅があるということだ。たとえば「ハト」という言葉が、ハトという鳥のイメージと同時に、「平和」とか「祝福」のイメージにもつながるようにね。

言葉は記号じゃない。むしろ言葉はシステムだ。記号はその対象と、一対一の固定された関係を持つことで、独自に意味を持つことができる。言い換えるなら、記号どうしはなんのつながりも関連性も持っていない。

でも、言葉はちがう。最初の章でも話したように、「**象徴界**」というシステム全体として機能している。言葉は、単語が意味を持つのは、あくまでも他の語との関係性、すなわち文脈の中でしか可能にならない。逆に言えば、文脈さえわかっていれば、未知の言葉、つまり無意味な言葉であっても、なんとなく意味が見えてくる場合もある。

たしかあれは、一般意味論の**S・I・ハヤカワ**『思考と行動における言語』(岩波書店)に出てくる例だったと思うけど、「オーボエ」という言葉の意味を全く知らなくても、その単語が出てくる文章例をたくさん読めば、それが楽器であることや、どんな形状をしているかがなんとなくわかってくる、という話があった。記号ではこれは無理。もちろん記号を文章の中において、単語と同じように扱えば別だけれどね。

この「象徴界」の中で、シニフィアンは相互に隠喩的な結びつきを持っている。それはイメージを通じた結びつきだったり、あるいは音が似通っているための結びつきだったりと、さまざまだ。でも、「音」による結びつきは、ことのほか重要だ。なぜなら、僕たちはこちらのほうは、しばしば忘れてしまっているからだ。言葉のつながり、つまり「連想」が、思いがけず不自由だったり、意外な連想が飛び出してきたりするのも、こうした「音」による結合が関与してくるせいだったりする。……うーん、ちょっとわかりにくいね。

フロイトは、こういう音だけ似通った言葉の結びつきが、僕たちの意識に大きな影響を及ぼしていることを発見した。「日常生活の精神病理学」から、例を一つだけ引いておこう。あるときフロイトは、自分の患者にジェノバの近くにある保養地を紹介しようとして、どうしてもその名前が出てこなかった。その土地についての、ほかの記憶はしっかりしているのに、地名だけが出てこないのだ。やむをえずフロイトは、患者を待たせて妻に尋ねた。

「ほらなんだっけ、N先生の診療所があって、例の奥さんが長いこと療養してたあそこの土地は……」

「忘れちゃうのも無理ないわ。だってネルヴィ（Ｎｅｒｖｉ）っていうんですもの」

要するに、フロイトは日々つきあっているＮｅｒｖｅｎ（神経）にいい加減うんざりしていて、それと似た音の土地の名前まで抑圧してしまっていたわけだ。こういう「ど忘れ」や「言い間違い」の例は、フロイトの本にたくさん出てくる。

連想とは関係ないじゃないかって？　いやいや、そんなことはないよ。ここで大切なことは、人間は必ずしも「忘れたいこと」だけを忘れるんじゃあないってこと。むしろ忘れられるのは、一番忘れたいことと、たまたま発音が似通った単語のほうだったりするわけだ。つまり、忘れたかった単語と、実際に忘れられた単語とは、意味じゃなくて、発音を介してつながっているということだ。どうかな？　言葉が意味だけのための道具じゃないってこと、これでわかってもらえたかな？

似通った音による結びつきは、こういう場合にみられるだけじゃない。たとえば文章や詩で韻を踏んだり、俳句が五七五だったり、あるいはラップのライムが調子よかったりと（あ、ちなみにrhymeっていうのは「韻を踏む」ってことだから、けっこう古典な技法だね）、文章や歌にも音による快楽ってものがある。これを単純に、言葉の音楽的な側面とか、意味を越えて直接感覚に訴える、とか言って欲しくないんだなあ。何度も言うけど、普通の会話とかなら、だいたい言葉の「意味」の側面が大事になってくる。でも、表現の分野では、意味よりも音が前に出てくることも多いんだ。そして、「音にいいいいいいい意味を従わせることの快感」というものが、そこには確実に存在する。

もちろん、これをはっきりと指摘したのもフロイトだ。彼は「**機知**―その無意識との関係」という論文で、なんで駄洒落がおかしいのかを、大まじめに分析している。たとえば当時、医者の間でよく知られていたという冗談。

――若い患者にマスターベーションをしたことがあるかどうか尋ねると、返ってくる答えはきまって「いや、そんなことは一度も（O, na, nie）」。

このドイツ語は、だいたいローマ字読みでいい。まあ、解説は不要だよね。

フロイトは、こういう駄洒落みたいな例をいっぱい出してきて、こういう機知によって語られる言葉には、ふつうなら抑圧されて出てきにくい内容が、チェックされずにすっと出てきやすいのだと主張する。こうして抑圧を取り除くことは、緊張の解放につながり、笑いをもたらすわけだ。ただ、こういう駄洒落は、日本ではむしろオヤジギャグとして軽蔑の対象になってるくらいだから、一般化しすぎるのは危険かもしれない。でも、フロイトが指摘したような側面があることも間違いないんだ。

ちなみにフロイトは、機知が成立するためには、笑われる対象となる人物のほかに、笑ってくれる第三者が必要なのだと指摘している。オヤジギャグでも、いちいち大受けしてくれる人がそばにいてくれれば、面白く聞こえることもあるしね。これをまんま応用したのが、アメリカのコメディ番組なんかでよくある、「笑い声」のSEね。ギャグがおかしくも何ともなくても、笑い声がかぶさると、ついクスッと受けてしまう。

日本で言えば、わざとスタジオのスタッフの笑い声をいれるとか、あと最近では、うっとうしいほど定着した、字幕によるセリフの強調もそのヴァリエーションだろう。この、笑っている第三者につられるようにして笑う、という反応は、実は僕たちが「象徴界」に参加しているなによりの証なんだけど……まあそれは別の機会に話そう。

いや、日本の場合、第三者の導入方法はもっと高度かもしれない。あまりおかしくないボケでも、適切なツッコミで爆笑に転ずる、なんてこともあるしなあ。いやあ、突飛なたとえと言わんでください。僕は真面目に言うのだが、**ボケとツッコミ**の関係って、すごく精神分析的なものだ。まず曖昧な言葉があり、その分節と解釈があり、あらたな文脈の創造がある。これ、構造的には精神分析そのものじゃないか？　笑いの機能として、「文脈の衝突、ないし転換」を重視する僕としては、すぐれたボケ―ツッコミ関係のエッセンスを治療に応用できないものか、という期待すらしているほどだ。

それはともかく、今回のタイトルに戻るなら、言葉はとても大きな不自由さを抱え込んでいる。単語一つでは何も意味し得ないこと、言葉どうしのつながりは「発音」に縛られていること、このため思い出すにも忘れるにも、自由なコントロールがきかないこと。でも、そういった不自由さこそが、言葉に記号を越えた大きな自由と創造性をもたらしていることも、また事実なんだ。

今回はフロイトの話ばかりだったけど、どれもいずれ、ラカンにつながることだから大丈夫。でも、このあたりに関連したラカンの言葉も、少しばかり引用しておこうかな。

・シニフィアンは機能的ではない。
・人間はシニフィアンに住まわれている。
・シニフィアンが意味を持つのは、別のシニフィアンとの関係においてのみである。
・意味が可能になるのは、シニフィアンの連鎖においてである。

・真理は、シニフィアンの連鎖によって形づくられる。
・話すことは、シニフィアンの効果を導入することである。

まだちょっと難解かもね。でも、言葉、シニフィアン、意味、なんてあたりの言葉の使われ方をしっかり理解しておくと、ラカンはぐっとわかりやすくなる。だから、この話題は、もう少し引っ張っておきたい。そんなわけで、シニフィアン関係、もう少し続けます。

Lecture 5 「シニフィアン」になじもう

この本では「**シニフィアン**」という言葉が、これから何度も出てくることになるだろう。さしつかえない場所ではふつうに「言葉」とするけれど、ある程度以上厳密に語る場面では、どうしてもシニフィアン、つまり言葉の「意味」ではないほうの、純粋に「音」としての側面を押さえておく必要がある。くりかえしになるけど、シニフィアンなんていうややこしい言い方をわざわざするのは、言葉と記号を区別するためなんだ。

前の章でもちょっとふれたように、記号にはすべて意味がある。意味がないものは記号ではない。無意味な記号もあるじゃないかって？　それは、まだ意味が知られていない記号か、あるいは「無意味」そのものを意味する記号にちがいないよ。そして、この場合、記号に意味を与えているのが言葉なんだ。記号は、言葉によって保証されなければ、意味を持つことができない。「バツ」が否定を意味しているのは、その意味を言葉をつうじて教わったことがあるからだ。

ところが言葉には、必ずしも「意味」があるとはかぎらない。無意味な言葉というのはいくらでもある。いちばん身近な例は「**挨拶**」かな。「おはよう」とか「おやすみ」

声だ。

とかね。もうこれは、直接的にはどんな意味も担っていない。「やあ」とか「よっ」とかの呼びかけに至っては、もっとも意味がそぎ落とされて、ほとんど鳴き声みたいな発声だ。

まえに言葉は「意味」ならぬ「存在」の代理物なんだって話したけど、挨拶にもそんなところがある。何の意味もないけれど、自分の存在を相手にアピールする機能はあるからね。挨拶は挨拶を誘発する機能はあるけれど、それは行為遂行文（命令や依頼のように、相手に行動を起こさせる作用を持つ言葉）とは言い難い。状況によっては、挨拶が親密さを意味していたり、逆に敵意を意味したり、さまざまな多義性を帯びているからだ。ということは、つきつめれば自分の存在の代わりに差し出す言葉、それが挨拶ということになるかな。

さて、これまで何度か出てきた言葉、「**象徴界**」っていうのは、こういうシニフィアンが織りなす複雑なシステムのことだ。ラカンによれば、この象徴界の作用は、人間生活の全般に及んでいる。その作用は意識されることもあるけど、**無意識**の部分がずっと多い。ラカンの有名な言葉に「無意識は言語として（のように）構造化されている」とか「無意識はシニフィアンの宝庫である」っていうものがあるけれど、それはだいたい、このへんのことを意味していると考えてくれていい。え？　納得いかないって？　なるほど、無意識には「イメージ」もあるじゃないか、というわけか。そうだよね、もしたとえば、夢が無意識の表現であるのなら、夢の豊かなイメージはどこから来るのか？っていう話になってしまう。そう言いたくなるのも、もっともだ。

でもね、フロイト－ラカンの素晴らしさは、まさにこの点にあるんだなあ。彼らは、純粋なイメージなんてものは存在しなくって、イメージは常にシニフィアンから二次的に作り上げられるものだと考えている。これは、かなり画期的な発想なんだ。それというのも、誰だってイメージのほうが言葉よりもずっと豊かだ、と考えがちなんだから。「言葉にならない」「言葉を超えている」「筆舌に尽くしがたい」なんていう具合にね。こんなふうに、言葉よりもイメージのほうが具体的で豊かであるという発想は、僕たちにとってはごく自然なものだ。でも、本当にそうなんだろうか？

まず忘れてはならないことは、人間のあらゆる体験において、ほとんど常に言葉が先行している、ということ。僕たちは自分の周囲を見渡して、部屋の中のパソコンだの机だのテレビだの本棚だのがあることを瞬時に認める。こういうことが可能なのも、認識に先立って僕たちが「パソコン」「机」「テレビ」「本棚」という言葉を知っているからこそなんだ。もし言葉が存在しなかったら、僕たちの認識はもっと時間がかかるはずだし、これだけ正確な認識ができるかどうかも怪しいものだ。なぜなら、僕たちの周囲に広がる世界の中で、こういった個々のアイテムを分離して認める場合にも、言葉の助けが必要となるからだ。たとえば机と、机の上の本とを区別して認識すること。これを

「分節」する能力、という。もし分節することができなかったら、事態はものすごく混乱するだろう。なぜなら、机そのものと、本が乗っかった机とを、僕たちはぜんぜん別の物体として認識してしまうかもしれないからだ。

もっとも、この程度の分節ならば、言葉でも記号でも可能だし、だからこそ動物にも外界の認識は可能なわけだ。人間にいちばん特異なのは、まさにこうした分節機能を逆用して、まったくあらたなイメージを作り上げることができるという点だ。いちばんわかりやすい例は、モンスターの造形かな。

怪物を作るには、いくつかの「文法」があると聞いたことがある。たとえば、「巨大にしてみる」こと。これはゴリラを巨大化させただけの「キングコング」が良い例だね。「なにかを欠落させる」こと。これは日本の妖怪「一つ目小僧」やギリシャ神話の「サイクロプス」が典型かな。「部分的に拡大する」ことの例としては、「ろくろ首」があるね。「身体パーツを増殖させる」ものには「百目」とか「三面怪獣ダダ」（ちょっとマニアックかな?）とか。で、いちばん多いのが「異質なものの組み合わせ」だ。いろんな動物からパーツを引用した「鵺《ぬえ》」なんかまさに典型だけど、人魚とかペガサスとか、ケンタウロスとか「件《くだん》」（人間の頭を持つ牛。凶事の予言をするという）とか、いくらでも例がある。

さあ、もうわかったよね。こういうモンスターたちは、ほぼすべて、人間が言葉をさまざまに操作することで造形されているんだ。ある意味でイマジネーションの極限とも言うべきモンスター造形が、実は言葉の力に依存していたということ。この事実はとっても重要だ。ちょっとイメージからは外れるけど、日本を代表するモンスターである「ゴジラ」のネーミングって、「ゴリラ」＋「クジラ」からできたという「伝説」がある。本当か嘘かは知らないけど、もし事実だとしたら、これなんかまさに「シニフィアンの圧縮」がイメージを生んだ最高の例といえるかもしれない。

フロイトの「夢分析」を読んだことのある人ならもうわかると思うけど、ここで僕がモンスターについて言ったことは、かなりの部分、「夢」についてもあてはまる。なぜって、フロイトもラカンも、夢のイメージを作り出すのが言葉（シニフィアン）という素材であることを強調したんだから。くわしくはふれないけど、言語的な要素の「圧縮」や「移動」、あるいは「二次加工」などが、夢の中のいろんな不可解なイメージを作り出すということ。このフロイトの発見は本当に重要だ。「夢は無意識への王道」というフロイトの有名な言葉があるけれど、その「王道」はシニフィアンの連鎖でできているんだね。

そんなわけだから、イメージの自由を強調したい人は、言葉に依存しない純粋なイメージの例をみつけなければならない。でも、捜してみればわかると思うけど、そういうものは本当に少ないよ（※たとえばフランシス・ベーコンの絵画やデビッド・リンチの映画は数少ない例外で、そういう特殊なモンスター的イメージがよく出てくる。でも、後で説明するように、彼らはちょっと特殊な才能だからね）。学生時代にユングにはまったこの僕が言うんだから、間違いない。

さて、言葉、すなわちシニフィアンが織りなす象徴界の機能が、人間生活のかなり深いレベルまで浸透していることは、もう十分に理解してもらえたと思う。ところで、象徴界の機能が最大限に発揮されるものの一つが、なんといっても虚構や物語の世界だろうね。きみたちは、こういう物語の世界についても、やっぱりイメージが優先すると考えているでしょう？　でも、本当はそうじゃないんだ。あるイメージをぽん、と提出されても、それが現実のものか虚構のものか、はっきり区別することは不可能だ。このことの一番良い例は、ネッシーや雪男の写真だろうね。ああいうものは、それが与えられる状況や文脈次第で、いくらでも真偽が曖昧になってしまう。ある物語が現実のものじゃなくて虚構のものであることを宣言できるのは、これはもう「言葉」だけなんだよね。

僕たちは、言葉で語られたことや物語を、原則的には虚構のものとして受け止める習慣がある。なぜそう言えるかって？　ある物語が事実に基づいている場合、そこには必ず「ノンフィクション」とか「ドキュメンタリー」とか、要するに「これは事実です」という断りが入るよね。小説や童話を「これはフィクションです」といちいち断ることは少ない。ところが逆に、映画や漫画、ドラマなどのイメージ的な表現ほど「これはフィクションであり、いかなる個人や団体とも関係がない」という断りが入ることが多いでしょう。こういう些《さ》末《まつ》な事実から、僕たちが言葉とイメージをどんなふうに区別して受け止めているか、その無意識の習慣が見えてくる。もう一度整理してみよう。僕たちはイメージを事実に近く受け止め、言葉は虚構に近く受け止める。これは、イメージや言葉の起源を考えると、当然とも言えることなんだ。

僕たちが最初に獲得するイメージは、ラカンによれば、鏡に映った自分の姿だ。このことは、いずれくわしく解説しよう。今はただ、そういうものなんだ、と思ってくれればいい。実はこの時以来、人間はずっと、自分の鏡像を起点とするさまざまなイメージにだまされ続けている、というのがラカンの主張だ。自分のことを、鏡に映ったイメージで理解したつもりになった瞬間から、人間は「イメージ＝実在物」という錯覚から逃れられなくなってしまった。どんなイメージも、それ単独では、事実として受け止められてしまいかねない。だから、それを虚構化するためには、言葉が必要なんだ。

言葉の支配から逃れたイメージは、それが事実とも虚構ともつかないために、危険きわまりないものになる。酒鬼薔薇事件の時の、あの声明文に付け加えられた風車みたいな図形とか、ちょっと前になるけど、校庭に机が「９」の字に並べてあった事件とか、ああいう得体の知れないイメージは、それだけで衝撃的だし、長く僕たちの記憶に残る。

いずれも当初は、意味がわからない、つまり言葉と結びつきを持たないイメージだったわけだけど、まさにそのために、僕たちは強い不安をかき立てられたのだ。

言葉で語るということは、さっきも言ったように、虚構化のための一番有効な手段だ。なぜだろうか？ Lecture 3 でもちょっと説明したけど、最初の言葉は「存在」の代わりに、それを埋め合わせるために獲得される。たとえば「ママ」という言葉は、お母さんを呼ぶためだけの言葉じゃない。それはなによりも、目の前にいないお母さんの代わりに使用される一種の痕跡、音声による痕跡のようなものだ。これは見方を変えると、「母親の不在」という現実を、「ママ」という虚構で覆い隠して安心するための手段でもある。言葉が本来虚構的なもの、という意味は、これでわかってもらえたよね。でも、それで終わりじゃない。僕たちは、言葉を獲得する瞬間に、決定的な何ものかを失っているんだ。

言葉の獲得については、〝**Fort-Da**〟という有名な言葉がある。ドイツ語で「あっち—こっち」というくらいの意味だ。フロイトの「快感原則の彼岸」っていう有名な論文に、自分の孫の行動を観察したときの話が紹介されているんだけど、これが面白い。一歳半になるフロイトの孫は、母親が留守のあいだ、糸巻きを投げて遊んでいた。幼児は糸巻きを遠くに放って「オーオー」と声をあげ、次に糸巻きをたぐり寄せて、「ダー」と叫ぶ。この「オー・ダー」の叫びが、ちょうど〝Fort-Da〟に聞こえたようなんだ。

ここからのフロイトの推論がすごい。

彼はこの幼児が、糸巻きを「ママ」に見立てて、一種のごっこ遊びをしていると見抜いた。いや、それがホントかどうかは確かめようがないんだけどさ。でも、かなり説得力はあるな。ママと一緒にいられない寂しさを、糸巻き遊びでごまかしている子ども。フロイトはこの子どもが、ママ＝糸巻きを投げたり引き戻したりすることで、まるで母親の存在を自由自在にコントロールしているみたいな空想にふけっていると考えたんだね。


要するに、言葉＝象徴を手に入れるっていうのは、そういうことなんだ。そばにママがいないという現実に耐えるために、「ママの象徴」でガマンすること。「存在」を「言葉」に置き換えることは、安心につながると同時に、「存在」そのものが僕たちから決定的に隔てられてしまうことを意味している。僕たちはこの時から「存在そのもの」、すなわち「現実」に直接関わることを断念せざるを得なくなったんだ。僕たちは「現実」について言葉で語るか、あるいはイメージすることでしか接近することができない。ラカンはこのあたりのことを「**ものの殺害**」なんて、ぶっそうな言葉で呼んでいる。僕たちは「ママ」という言葉によって母親の不在に耐えられるようになった代わりに、たとえ目の前に母親がいても、母親の存在そのものにふれることはもうできない。

なぜなら、「ママ」と呼びかけたその瞬間に、僕たちは「現実の母親」を殺してしまったからだ。こうして、「子ども」は「**人間**」になる。子どもは人間未満だったから、人間になってしまった僕たちは、言葉を手に入れるかわりに、子ども時代を永遠に失うことになる。もちろんアルバムの写真や親から聞いた話で、小さい頃の記憶をおぎなうことはできるだろう。でも、そうやって回復された記憶は、真の子ども時代とは無関係のニセモノなのだ。フロイトの言う「子ども時代は、もうない」という言葉はそういう意味だ。

ここで気づいた人もいるかもしれない。じゃあ「自分」を指す言葉はどうなのか？ってね。それは自分を殺すような、自殺行為なのか？

哲学者デカルトの有名な言葉に「われ思う、ゆえにわれあり」というのがあるよね。この世界のすべては幻想かもしれないけど、いま考えている自分という存在だけは確実だ、という命題。ラカンはこれをパロディにした。「私は考える、または私は存在する」というふうにね。どういうことだろう。

「私は考える」と考えるとき、その「私」という言葉は、すでに「私の存在」の身代わりでしかない。だからそこで考えられている「私」と「本物の私」が一致することはない。僕たちはけっして、自分という存在の根拠を手に入れることはできないのだ。

でも、だからといって嘆くにはあたらない。人間のあらゆる文化は、現実を言葉のシステムに置き換えること、すなわち「象徴界」を獲得することで、はじめて可能になったものだ。むしろ、その獲得がうまくいかなかった精神病者は、常に現実に接しているために苦しめられているとも考えられる。

平和で文化的な生活とひきかえに、僕たちは「現実」そのものを捨てた。もう「現実」は、決して僕たちのものにはならない。いや、実はたった一つだけ、誰にでも現実を手に入れられる瞬間がある。それは僕たちが「死ぬとき」だ。それじゃあ困るって？でもそれは、人間が人間であり続けるためには、しかたのないことなんだ。

Lecture 6　象徴界とエディプス

いままでくりかえし、言葉と「シニフィアン」との関係性について話してきたけれど、これはラカンの言葉でいえば、「象徴界」についての話、ということになる。あとでまた詳しく説明するつもりだけど、ラカンは人間のこころを作り出しているシステムを三種類に分類したんだね。それが**「現実界」「象徴界」「想像界」**だ。

この分類を、ものすごく単純化して説明してみよう。二〇〇二年に公開されたディズニー映画**『モンスターズ・インク』**は、フルCGのアニメーションだけど、このCG画面を例にとって考えてみる。このとき画面上に映し出された女の子やモンスターたちの画像イメージが「想像界」にあたる。ところで、そのイメージを作り出すには、何万行ものプログラムが背後にあるわけだ。もちろん、プログラム言語をどんなにじっと眺めても、イメージのかけらも浮かんでこない。それはどこまでも、無意味な文字の羅列にしかみえないだろう。この文字列が「象徴界」にあたる。さらに、プログラムが走るには、パソコンのハードウェアが動かなくちゃならない。そしてもちろん、このハードウェアの作動については、僕たちは何もじかに理解することができないし、そこに手を加えることも不可能だ。いわば認識のラチ外にある世界なわけで、これがラカンのいうところの「現実界」に相当するということになる。

どうかな、なんとなくわかってもらえたかな。ここで大事なことは、この三つの「界」には、どっちが深くてどっちが浅い、といった区別がないこと。普通に考えたら「現実界」が一番深層にある、と思われがちだけど、そうじゃないんだ。それは人間の視点から見た場合に、想像界がいちばん表面的に見える、という「見え方」の問題にすぎないんだね。

ところで、象徴界をたんに「言葉の世界」と言い切れないのは、言葉には「**意味**」という、想像的なものがいつもまとわりついているからだ。ちょっとわかりにくいかな。「意味」というのは、現象の一番わかりやすい側面のことを指している。あることが「わかる」っていうのは、そのことについてイメージを持つことができるってことだ。つまり、意味はイメージ的な認識だから「想像的」なんだね。

ところが象徴界というのは、正確には言葉じゃなくてシニフィアンの世界だ。そこには、必ずしも意味が伴うとは限らない。あるのは純粋に構造だけで、だからそこでの出来事も、意味じゃなくて構造にしたがって起こることになる。ここでいう「構造」っていうのは、実は無意識の構造でもあるんだね。そう、前に出てきたラカンの言葉、「無意識は言語として（のように）構造化されている」の「構造」だね。

ところで、ちょっと人類史をひもとくだけでも、人間にとって、象徴界がどんなに普遍的な存在であるかがよくわかる。いろんな石碑や古墳、壁画などに刻まれた文字や記号は、僕たちが太古の昔から、象徴的なものを巧みに用いる動物だったってことを示している。さらに原始的な社会では、象徴的な決まり事が大きな影響力を持っていた。たとえば「**外婚制**」なんかがそうだね。これは要するに、一族の外から妻を迎えるきまり、言い換えれば**近親相姦**の禁止を指している。

このタブーはかなり強力なもので、いろんな社会において当たり前のように受け入れられている。でも、そこには本当は、たいした根拠はない。つまり、「意味」はないんだ。劣性遺伝をふせぐとか、共同体間の経済的交換を活性化するとか、いろんな学問的な解釈はあるけれど、みんな後知恵《あとぢえ》だし、それが事実かどうかも実は疑わしい。でも、すごく強力な決まり事として社会に影響を及ぼしている。象徴界はこんなふうに、たとえば掟という形で拘束力を発揮し、財産や女性の循環をコントロールするわけだ。別の言い方をするなら、こころの構造においては無意識的なしかたで作用を及ぼしている、とも言える。なぜなら、そこでは「意味」や「目的」が隠されており、はっきりと意識されることはないからだ。こんなふうに、原始社会におけるタブーや掟のシステムは、意味や目的とは異なった論理形式、すなわち象徴界の法によって成り立っている。

じゃあ、ひとりの人間にとって、その象徴界がどんなふうに成立するのか。ここで鍵を握っているのが、「**エディプス・コンプレックス**」だ。もちろん、その名前くらいは知っているよね。さきに結論から言ってしまうと、人間はエディプス・コンプレックスを通過することで、はじめて象徴界に参入することができる、ということ。逆にいえば、この段階を経験しなければ、人間は言葉を語る存在になれない。もっとラカンっぽく言えば、エディプスなしでは、人間は人間になることすらできないってわけだ。

ちなみに精神分析には、いろんな「コンプレックス」がある。コンプレックスとは、無意識において強い情動（＝感情）と結びついている観念のことだ。その観念を思い出すと、怒りとか恥とかの強い感情が湧いてくるような。ただし、僕らが日常的に「ちょっとコンプレックスがあって……」なんていうときの言葉は、正確には「**インフェリオリティ・コンプレックス**」、つまり「劣等感」のことを指している。この言葉を考え出したのは、フロイトの弟子アドラーだね。あとエディプスとちょうど対《つい》になったかたちで「**エレクトラ・コンプレックス**」もよく知られている。詳しい解説は省くけれど、これはやはりフロイトの弟子ユングの命名した概念で、まあ要するに「ファザコン」のことだ。ほかにも新旧とりまぜて、実にさまざまなコンプレックスがあるんだけれど、本当に重要なものはたった一つ、この「エディプス・コンプレックス」だけなんだ。少なくとも、ラカンはそう考えたわけだね。

じゃあ、そもそもエディプス・コンプレックスとは何か。これも簡単に言おう。父を殺して、母と交わりたい。そういう人類普遍の欲望の源を指している。こういう、あまり眼にしたくない真実を身も蓋もなく言い切ってしまうから、精神分析は評判が悪いんだよなあ。あ、でも、勘違いしないでほしい。そう言ったからといって、僕はきみが、きみの実の両親に対してそういう願望を抱いているとか、そんなことを言うつもりはない。ここでいう「父」や「母」は、かなり抽象的な概念で、その実物とはあまり関係がないからね。父親的な、あるいは母親的な存在、といった具合に理解してほしい。なにしろそれは、必ずしも「人」である必要すらないんだから。それと同じ意味で、「交わる」とか「殺す」といった表現も、文字どおりではなく、一種の象徴的な行為として理解しておいてほしい。

エディプス・コンプレックスの出典は、紀元前五世紀くらいに古代ギリシャの劇作家**ソフォクレス**の書いた悲劇『**オイディプス王**』（藤沢令夫訳、岩波書店）だ。以下、ものすごく簡単なあらすじ。

テーバイ国のオイディプス王は、いろいろと数奇な巡り合わせから、自分の実の父・ライオス王をそれとは知らずに三叉路で殺害し、さらに自分の母親イオカステとうっかり結婚して子をもうけてしまうはめになる。またいろいろとあって、ついに真実を知った彼は、やはり事実を知って自害した母親の金のブローチで両眼を突いて盲目となり、流浪の旅に出る。

この物語に注目したのがフロイトだ。彼はすごく古典の教養があったもんだから、この物語には精神分析の起源に関わるような、神話的な形式があると考えたんだね。いや、それだけじゃない。彼はこの神話に、自分の個人的な気持ちを重ね合わせたんだ。そう、フロイトは、自分の母親への愛情と父親への嫉妬に気づいていたんだね。そして、その感情が幼児に共通のものではないかと考えた。つまり、すべての個人はこの段階を経験するんだけど、大きくなると忘れてしまうだけなんだ、と。

ラカンはこのテーマを、さらに徹底的に追究した。彼によれば、生後間もない乳児は、母子が一体化した**万能感**あふれる空間の中で、とても満ち足りた時間を過ごしている。Lecture 3でもちょっとふれたけど、まだ言葉も知らない、それゆえ「自分」と「母親」の区別もつかないような子どもの経験する世界は、混沌とした原始のスープみたいなものだ（と、想像されている）。そのとき母親は「世界」そのものだ。そこでは、願ったことは何でもかなう。イメージはすべて実現する。万能感というのはそういうことだ。しかしやがて、この密室的で近親相姦的な関係に、「父親」が割り込んでくる。ママを独占しちゃいかんとばかりに、ジャマしにやってくるわけだ。

このとき子どもは、父親の存在に触れることで、いろんな辛いことに気づかされる。まず子どもは、母親に父親のようなペニスが存在しないことを発見する。それまで子どもは、母親のことを、まるで自分を守ってくれる万能の存在であるかのように感じていた。この「万能の母親」は、**ファリック・マザー**、すなわちペニスを持った母親という、象徴的なイメージで表現される。こういう母親のイメージが、子ども自身の万能感を支えていたわけだ。

ところが、万能なはずの母親に、よく見ると父親のようなペニスがついていない。これはすごくショックなことなんだ。このとき子どもは、万能の母親というイメージを断念しなきゃならなくなる。それは母親＝世界と自分とのあいだに、突如よそよそしいギャップが口を開けるような、不安と恐怖に満ちた体験にちがいない。そこで子どもは、母親に欠けているペニスを補完するために、自分自身が母親のペニスそのものになりたいと欲するようになる。

ちょっと脱線するけど、小さい子どもの欲望は、しばしば「なりたい」という形で表現されるよね。僕自身、はっきりした記憶はないけれど、小さい頃によく「大きくなったらクジラになりたい」と公言してはばからなかったそうな。自分というものが十分にできあがっていない子どもは、欲望をあらわすにも「持つ」と「なる」の区別が曖昧なんだね。それにしてもクジラになりたいとは、まさに母（＝海）のペニスでありたい欲望がにじみだす表現だなあ、とか自己分析しちゃったりして。

閑話休題、母親のペニスになるという幻想に、子どもはながく留まることはできない。なぜなら、母親が本当は別のものを欲していることがわかってしまうからだ。母親が欲しているもの、それは父親のペニス。もう一度念を押しておくけど、この話をきみの実の両親にいちいちあてはめなくてていいからね。これは子どもの内的な幻想の話なんで、ペニスはたとえば、財産とか権力とか、そういうものの比喩でもありうるわけだから。

さて、そんなわけで、子どもはペニスになることをあきらめるしかなくなる。そして母親が求めている父親に同一化しつつ、その象徴的なペニスを持ちたいと願うようになる。ペニスそのものであることはかなわず、父親そのものになることもできない。ならばせめて、父親のペニスの代理物を所有することで、母親＝世界と自分との間に生まれた絶望的なギャップを埋められる可能性に賭けようというわけだ。

そう、ここに至って、はじめて「象徴」が必要とされることになる。子どもはペニスの象徴（＝**ファルス**）を作り出すことで、母親＝世界におけるペニスの欠損を補おうとする。これはしかし、ペニスの実在性をあきらめて、その模造品で満足しようという、大きな方向転換を意味している。だから、象徴を獲得するということは、存在そのものの所有はあきらめる、ということと同じことを意味しているんだ。

このあきらめのことを「**去勢**」と呼ぶ。そう、ペニスをとっちゃうことだね。エディプス期における「去勢」こそが、人間が人間になるための、最初の重要な通過点なんだ。ここをくぐり抜けることで、子どもははじめて言語を語る存在、すなわち「人間」になるんだから。なぜかって？　ファルスこそは、あらゆる言語（＝シニフィアン）の根源におかれた特権的な象徴にほかならないからだ。ファルスというのは、さっきペニスの模造品って言ったけど、実体が伴わないかわりに、なんにでも形を変えられる特性を持っている。この変幻自在さが、そのまま言葉の自由さ、柔軟性につながっているわけだ。

ここまで、ラカン的な意味での「去勢」が、どんなふうに「言葉」の獲得につながっているか、ざっとかけ足でみてきたけど、だいたいわかったかな？　でも「去勢」というのは、フロイト的な意味でも重要な言葉だ。順番がさかさまだけど、次章ではフロイト的な「去勢」、すなわち「去勢コンプレックス」について説明しよう。

Lecture 7　去勢とコンプレックス

ウォシャウスキー兄弟の大ヒット映画『**マトリックス**』は、みんなみたことあるよね。この映画、SF考証的にはいろいろと難癖をつける人もいるみたいだけど、みれば単純に面白いし、精神分析をめぐる寓話としても、かなりよくできている。今回はこの映画の話からはじめよう。前章で予告したはずの「去勢」はどうしたって？　もちろん、話はだんだんとそっちのほうにいくからさ、もうちょっと待って。

では『マトリックス』の設定を、少しおさらいしてみよう。この映画、オチがわかっちゃったらつまらない、という作品じゃないんだけど、いちおうネタバレを少し含むから、未見の人は、ここは読み飛ばしてもいいよ。でもラカン理解には最適な教材だから、できたらレンタルでもして、みておいてほしいな。

映画の舞台は二一九九年、人間はコンピューターの熱源として「栽培」されている。つまり、ほとんどの人間は、巨大なコンピューターの支配下におかれているってわけだ。なんか孵卵器みたいな特殊な昆虫の胎内で人間は眠り続け、コンピューターが作り出した一九九九年の仮想世界の夢を見続けている。この仮想世界こそが「マトリックス」だ。

人々はこの偽物の世界で一生を送ることになるんだけど、誰もそのことに気づかない。そんなことになってしまった世界で「マトリックス」の存在に気づいた反乱組織が、コンピューターの支配と戦うというのがストーリーの骨子だ。

ラカンのいう「三界」について、前章では『モンスターズ・インク』の例で話したけど、ここではちょっと別の角度からたとえてみよう。仮想世界「マトリックス」は、偽物のイメージの世界という意味で、そのまま想像界になぞらえることができる。で、人間がマトリックスの夢をみながら寝ている「現実世界」が現実界だ。じゃあ、象徴界はどこかって?

主人公ネオの「覚醒」シーンを思い出してほしい。いちど死んで蘇った救世主ネオの目に映るのは、もはや仮想世界の、人をあざむく上っ面じゃない。彼はいまや、マトリックスを生み出しているプログラムのコードそのものを眺めることができるのだ。このシーン、言葉で説明するのは難しいけど、見れば一瞬でそれとわかる、すごくカッコいいクライマックスになっている。僕は個人的には、あの有名な「弾丸よけ」シーンよりも、こっちが好きだな。

それはともかく、ネオが見ているコード・システムこそが、ここでは象徴界に相当するってわけ。

じかに象徴界が見えてしまうってことは、眼に見えるウソにだまされない、真理を見通す目を持ってしまうことを意味している。だからネオは、ここで理想的な精神分析家になったと言えるかもしれない。コードさえ読めれば、マトリックスの中でエージェントたちがしかけてくる戦闘など、児戯に等しいものになる。精神分析もこのくらいはっきりと有効なら、もっと流行るだろうになあ。

ここまでのたとえである程度わかってもらえたと思うけど、ただ、これが一つの見方に過ぎないってことだけは、念を押しとくね。想像界・象徴界・現実界という区分は、常に位相的な区分でしかないんだから。位相的っていう意味は、互いの位置関係が常に相対的に決まるっていうこと。すごく雑ぱくな捉え方だけど、一種の座標軸みたいなイメージかな。x、y、zの三つの軸があるとして、x軸だけ取り出したい、と言われても、それは無理な話。同じように、この三界区分も人間の認識における座標軸の一種と、さしあたりは考えてくれて構わないと思う。というのも、どんな認識においても、そこには言うなれば「認識のモード」として、この三界区分が存在するからだ。

だからこの三界は、それぞれに対応するなんらかの実体的な空間や領域を、この世において占めているわけじゃないんだ。「界」っていう言葉から、ついそう考えたくなるけどね。だから、「ちょっと今から『現実界』に行きたいんだけど、どうすればいい？」とか聞かれても、そりゃムリってものだ。

ところで、この映画で主人公ネオが覚醒していく過程の描かれ方は、なかなか興味深い。たとえばマトリックスが偽物だと知らされたネオに、反乱グループのボスであるモーフィアスが言う。「ようこそ、現実の砂漠へ」とね。そう、仮想世界の豊かさに比べて、現実の世界はそれこそ砂漠なみに味気なく、殺伐としている。でも、マトリックスが偽物であることに気づくことは、ネオに新たな力をもたらしてくれる。つまり、マトリックス内部では、カンフーの達人だったり、飛んでくる銃弾を体を反らしてよけたりできるようになる。マトリックスを「現実」と思い込んでいたら、こうはいかない。そして、ネオがさらなる覚醒に至るために、一度死ななければならなかったこと。この点も大切だ。大きな「自由」を獲得するには、大きな「犠牲」を払わなくてはならない。そして、これこそが「去勢」の本質なんだ。

そう、人間は象徴界に入っていくために、万能感を捨てなくてはならない。これは前章でもちょっとふれたエディプス・コンプレックスにおける重要な過程だったね。ラカンによる去勢について、もう一度おさらいしておこう。

・それはエディプス期に起こる。
・それはまず、自分がファルス（ペニスの象徴＝万能感）であることをあきらめることである。
・次に、自分がファルスを持つことをあきらめることでもある。

しかし「去勢」について、本格的に知るためには、やはり**フロイト**までさかのぼる必要があるだろうね。フロイトとラカンとでは、その語り方がずいぶん異なっているからだ。ちょっととどまどうかもしれないけれど、ここではまず、フロイトのいわゆる「**去勢コンプレックス**」について説明しよう。

去勢というのは、だいたい五歳くらいの子どもが、無意識のうちに体験することとされている、かなり複雑な内的体験のことだ。この段階は、子どもが自分の**性同一性**、つまり「自分は男（女）だ」という確信を得るためには、すごく重要な時期なんだね。とりわけ男の子の去勢コンプレックスは、だいたい次のような段階をたどっていくと言われている。

まずはじめ、男の子は、人間は誰でもペニスを持っているものだと思い込んでいる。なんでそう言えるのかって？　小さい男の子が、女の子の絵を描くときに、よく女の子にもちんちんを描き加えることがある。こんなふうに、性差の理解が十分でないうちは、人間にはちんちんが平等にくっついていると思い込みやすいものなんだ。それと、男の子は自分のちんちんをいじくるのが好きだ。でもあまりいじくってばかりいると、叱られてしまう。日本ではそういう叱り方が一般的かどうかわからないけど、欧米では子どもに「あまりいじってばかりいると、ちょん切っちゃうぞ」とか何とか、ひどい言い方をするらしい。言われた子どもはびっくりして、すごく不安になる。だからその体験は**トラウマ**、それも、いちばん原初的と言ってもいいトラウマになる。でも、トラウマならなんでも悪い、というふうには決めつけられないんだね。子どもは父親からこんなふうに叱られることで、父親の権威を認めると同時に、母親を自分のものにしたいという欲望をあきらめることになるんだから。

ほぼ同じ時期に、男の子は同年代の女の子たちにちんちんがついていないことを、お風呂場やなんかで目撃してびっくりする。「そんなばかな」と男の子は驚き、「いまはまだ小さいだけなんだ、そのうち大きくなるんだ」と自分に言い聞かせる。そのくらい、このことはショックなんだね。だって、もしこの事実を認めたら、「自分のちんちんもなくなってしまうかも」という不安が生じてくるんだから。でも、母親と一緒にお風呂に入ったりもしているうちに、男の子はそんなごまかしが通用しないことに気づく。そしてあらためて思い出すわけだ。むかし「ちょん切るぞ」と脅かされた記憶を。

ペニスをとられるかもしれないという不安を、男の子はどんなふうに解消するか。そう、ペニスをとられないためには、自分の欲望を制限すればいい。とりわけ、母親を自分だけのものにしたいという独占欲をあきらめれば、ペニスはなくならないだろう。だから男の子は、自分のペニスを守るために、母親をあきらめ、父親を受け入れる。かくしてエディプス・コンプレックス（父を殺し、母と寝たい）は終わる。男の子は、自分の限界を受け入れた。しかしそのことによって、心には豊かで複雑な構造が生まれ、あらたな自由の領域が広がったわけだ。このことを、フロイトはこんなふうに表現している。「男の子の場合、エディプス・コンプレックスは単に抑圧されるのではない。去勢の威嚇がもたらす衝撃のもとで、文字通り砕け散るのである」と。なんかすごい表現だね。

さて、ここまでは男の子の話だ。じゃあ、女の子はどうなってるんだろう。もちろん男の子とはちがうコースを経験するわけだけど、共通点もある。女の子も、はじめのうちは、人間は誰でもペニスを持っていると信じている。それと、母親の去勢、つまり母親にペニスがないと知ってから、母親から離れていく。このあたりまでは、男の子とまったく一緒だ。

でも、このほかの点は、男の子とはずいぶんちがっている。

まず、女の子は、はじめのうち、自分のクリトリスをペニスだと思い込もうとするらしい。ところが、男の子のペニスを目撃して、女の子は瞬時に悟る。「自分にはあれがついていない。あれが欲しい」と。これがかの有名な「**ペニス羨望**」ってやつだね。女性のペニス羨望は、男性の去勢コンプレックスと、ちょうど対になっていると言われる。どっちも、あんまり長くそこに引っ掛かっていると、大人になってからも神経症になったりして苦労する、という意味でね。

実はこの「ペニス羨望」ってのも評判のよろしくない概念で、女性のみなさんは、まず納得しないだろうね。「別にあたし、ペニスとか要らないし」と、速攻で断言されそう。でもさ、ペニスそのものはともかく、男のほうが力が強かったり、乱暴な態度が許されたり、社会的にもいろいろと優遇されがちだったりという現実を、ちょっとズルいとか、うらやましいと思ったことはないかな？　ここでの「ペニス」は、そういった男性性の象徴的・隠喩的な表現だということを踏まえて、もう少しガマンしてつきあってほしい。

子どもはまず、離乳するさいに母親から分離される。フロイトは、女の子の場合、この分離の恨みが男の子よりも長く残るとしている。それはともかく、女の子は自分にペニスがないことを発見するのとほぼ同時に、母親にもペニスがないことに気がつく。母親の無力さにあきれた女の子は、ここで母親を自分から見捨てるんだけど、その結果、女の子の中に抑え込まれていた、最初の分離の時の（離乳の時の）恨みがぶり返してくると言われている。このとき同時に、母親への憎しみが芽生えるんだね。そして、ここから女の子の欲望は父親へと向かうことになる。

実はフロイトによれば、女の子のエディプス・コンプレックスは、この、父親へと欲望が向かうようになった時からはじまって、その後ずっと一生続くとされている。これとともに「ペニスを持ちたい」という願望は、「セックスでペニスを享受したい」という願望に変わり、性感帯がクリトリスから膣に変わる。これも女性には評判の悪い「大人の女性は膣で感じる」とかいう、例の決めつけの根拠になっている。昔はやった「Gスポット信仰」なんかも、このへんから来てたのかなあ。まあ、そこまでフロイトを弁護しようとは思わないけど、このあたり、とにかくフロイトは徹底して形式的に考えようとしてはいる。その努力は認めようじゃないか。

それはともかく、もう少しだけ。膣でペニスを享受したいという段階にいたった女性は、ペニスの代理物としての「子ども」を生みたいという願望を持つようになる。去勢コンプレックスはこうして終わるんだけど、男性とちがって、女性のエディプス・コンプレックス（母親を殺し、父親と寝たい）は、ここからはじまることになるらしい。

こうして、去勢の経験をへた子どもは、社会へと一歩踏み込んだことになる。このとき、ペニスは象徴化されてファルスとなっている。なんでそう言えるかって？　そうだな、ひとつの根拠として、夢とか物語なんかに、ペニスが身体から分離されたかたちで出現するという現象があるよね。

たとえば男性がペニスだけの存在になっちゃう話って、僕の知る限りでも作家の小松左京とか、漫画家の手塚治虫、ひさうちみちおあたりが描いていた。あとほら、アダルト向けの漫画でよくあるのは、ペニスを可愛い（？）キャラクターにしちゃう表現ね（ドジョウとかオットセイとか）。そういえば、そもそも「ムスコ」「せがれ」「ジュニア」っていう呼び方も、ペニスの擬人化だなあ。こうしてみていくと、それがいかに、僕たちにとってなじみ深い象徴であるかがよくわかる。そのまんま「シンボル」っていう表現もあることだし。ともかく、それが自立した象徴であるからこそ、身体から分離されてイメージされやすくなるってわけだ。

ファルスは、このように身体から切り離されると同時に、欲望の究極の対象になっていく。言い換えるなら、去勢は欲望の対象物をファルス的なものにしてしまう。どういうことかって？　たとえばクルマ好きやプラモデル好きといったフェティシズムにおいて、「クルマ」「プラモデル」などは、ペニスの代用物とみるのが、精神分析では定番の考え方なんだ。なぜそうなるのかは、また後の章で説明しよう。いまはただ、そういうものなんだということにしておいてほしい。

さて、ラカンはこう言っている。「去勢の受け入れは欠如をもたらす。欲望は、この欠如によって確立される」、あるいは「去勢は、正常者においても異常者においても、欲望を調整している」とね。つまりこういうことだ。去勢の過程は、「欠如」としての、つまり実体を欠いた象徴としての「ファルス」をもたらしてくれる。これは前にも話したとおり、シンボルの中のシンボルであり、究極の象徴だ。Lecture 3で、欲望とファルスの関係を後で説明する、と予告しておいたはずだけど、これがその答えになるかな。僕たちの欲望はすべて、言語という象徴システムの中で決定づけられる。それゆえ欲望の究極の目標は、究極のシンボルである「ファルス」へと向かう。そういう理屈だね。

ところで、ラカンがそうはっきり言っているわけじゃないけど、僕が思うに、人間の心には**「連続性」**と**「切断性」**という、少なくとも二つの志向がある。たとえば、愛する人とくつろいだ時間をすごしたり、気のおけない仲間たちとビールでも飲んで盛り上がったりしたい気持ちって、誰でもあるよね。でもその反面、付き合いにわずらわされずに一人きりになりたかったり、悩み事をとことん一人で考え抜いてみたいと思うことだってあるだろう。つながりたい気持ちと、断ち切りたい気持ち。愛と憎しみ、肯定と否定、受け入れと拒否、ほめることと批判すること、信ずることと疑うこと、このどれもが、連続と切断という相反する心の働きにもとづいている。

いっけん矛盾した働きに見えるけど、実はこの二つの傾向は、表裏一体というくらい深く結びついている。ちょうど磁石のS極とN極みたいなもので、どっちか一方の働きだけを取り出すことはできない。

実は、ここで僕が言っている「連続性」と「切断性」というのは、フロイトが発見した「生の欲動」と「死の欲動」にかなり重なる。簡単に解説しておくと、「欲動」っていうのは、対象の曖昧な原初的エネルギーのベクトルみたいなもの。「生の欲動（エロス）」が「生き延びること」へ向かおうとするエネルギーだとすれば、「死の欲動（タナトス）」は、生命のない無機的な死体になろうとするエネルギーを指している。

Lecture 5で、ラカンが言葉の獲得を「ものの殺害」と呼んでるって話はしたよね。そう、実は人間が言葉を語る存在として象徴界に入り込んでいくというなりゆきにも「死の欲動」が強く作用している。死の欲動のおかげで象徴界に参加し、その中でエロス的欲望を追求するのが僕たちの人生だ。つまりエロスとタナトスは、メビウスの輪のようにつながりあっているんだね。

「連続性」と「切断性」も同じこと。連続が切断をみちびき、切断が連続を基礎づける、というわけだ。こういう心の二つの「極」は、まさに「去勢」によってもたらされるんじゃないか。僕はそう考えている。

だって、そもそも去勢という体験そのものが、ママとボクの「連続性」をパパが「切断」することで成り立っているんだから。この結果として獲得される言語の作用だってそうだ。言語をもたらすのは切断的な作用かもしれないけど、言語を伝えるには「文脈」という連続性が欠かせない。

こんなふうに考えていくと、どうやら「去勢」は子ども時代に経験する一回限りの出来事じゃないんだろうね。その原型は、たしかに幼児期にあるかもしれないけれど、去勢的な体験は、人生において何度も反復されるんだろう。思春期や青年期なんか、とくにそうだよね。自分の幼い万能感に酔いしれたかと思うと、他人の言動であっさり自信をなくしたり傷ついたり。その意味では、他者によって去勢されるという幻想は、生涯にわたって繰り返されるものだ。ラカンの「去勢は、掟の場所としての他者の主体を想定している」あるいは「神経症者は、他者が自分の去勢を求めていると想像する」といった指摘は、このあたりの事情を指しているのかもしれない。

Lecture 8　愛と自己イメージをもたらす「鏡」

この章では、**想像界**について説明しよう。

象徴界、想像界、現実界、の三界のひとつ、想像界だ。前の章でも話したとおり、この世界のどこかに、そういう「界」が実体として存在するわけじゃないことは、もうわかったよね。すごく単純化して言えば、この三界は、僕たちがものごとを認識するさいに、常につきまとう位相的な区分にすぎないんだから。

想像界というのは、字面からなんとなくわかると思うけれど、イメージだけで成り立っている世界のことだ。三界のうちでは、いちばん認識が容易で、コントロールも可能な領域。それが想像界だ。うん、ちょうどいい、この「コントロール」ということを例にとって考えてみよう。認識も行為の一つと考えるなら、ある行為がどのくらい自分のコントロール下におかれているかっていう判断は、この三界の説明にもけっこう使える。どういうことかって？

もしその行為や認識が、完全に自分にとってコントロール可能なものであるならば、それはさっきも言ったように想像的なものだ。これはわかるよね。およそ「想像」というものは、原則として、すべて自分のコントロール下にあるんだから。ただ、すべてのイメージが、というわけじゃない。たとえば、振り払っても振り払っても嫌なイメージが浮かんでくるという経験は、誰にでも覚えがあるよね。これがこじれると「強迫観念」なんて名前がつくこともある。こういう場合についてはどうだろう。そのイメージは想像的とばかりは言えなくなってくるんじゃないか。

そう、この場合は、イメージにも象徴的な作用が及んでいる。「コントロール」をキーワードにして「象徴的なもの」を語るなら、こんなふうになる。自分でコントロールしているはずが、いつのまにかコントロールされていることに気づかされるとき、そこには象徴的なものが作用している、と。どんな状況か、ちょっとわかりにくいか。じゃあたとえば、僕らがお喋りするときのことを考えてみよう。長電話でも何でもいいんだけれど、きみたちは、自分が次に何を喋るか、いちいち考えながら喋っているかな？そうじゃないよね。話題の完全なイメージを持ってから話をする、なんてことは、結婚式のスピーチとか、そういう特別な場合に限ってのことだろう。むしろふだんは、いちいち考えずに、自動的に言葉が口をついて出るに任せている。その間アタマの中では、ぜんぜん別のことを考えていたり、あるいは何も考えていなかったりする。

僕も講演会なんかで、喋りながらたまに眠りそうになることがあるんだけど、アタマはもうろうとしているのに、意外にしっかり話はしていることがある。もちろん、講師のくせに寝てんじゃねェよ、と言われれば返す言葉もない。しかし、こういう場合を考えるにつけ、言葉を喋るというのは不思議なことだなあ、とつくづく感じるね。あるいは政治家の失言についても同じことが言える。あれ、けっこう政治生命にかかわるし、よく考えて喋っていれば避けられそうなものなのに、なぜかくりかえすよね。これにしたって、やはり語るということが、ある程度は自動的なものだからなんだろう。

いま「自動的」と言ったけど、じゃあそこでは、本当は誰が喋っているのか? これはなかなか、難しい問題だ。僕の考えでは、ここで勝手に喋っているもの、自動的な感じをもたらしているものこそが「**無意識**」なんだね。で、無意識ということは、ラカンの文脈に話を戻すなら、すなわち「象徴界」ということになるわけだ。

ちなみに象徴界は、これとは逆の働きをすることもある。たとえば、他者からのコントロールに身を委ねて行動しているつもりが、いつの間にか自分から進んで、積極的に行動していることに気づく、というような場合ね。こちらは戦争中とか、組織内での不祥事の隠蔽工作とか、そういう場合に起こりやすいんじゃないかな。

最初はいやいや協力させられていた個人が、だんだん積極的に、つまり「自分の意志で」悪事に荷担するようになっていく過程。これもまあ、よくある話だ。ここでの象徴界も無意識に関連づけることができるけれど、むしろこの場合は、象徴界=社会のように考えたほうがわかりやすいかもしれない。

またずいぶんと脱線しちゃったね。今回のテーマは「想像界」だった。ここで話をそっちに戻すとしよう。想像界は視覚的イメージの世界、さらに言えば、「ウソの世界」だ。ずいぶんな言い方だけど、ラカン的な文脈で言えば、そういうことになる。どんなに賢い人でも、イメージにはついうっかりだまされやすい。

Lecture 5でも話したことだけど、言葉は本質的にフィクションの側にあって、イメージは事実の側にある。つまり、イメージをつきつけられると、人間はとっさに、それを事実と信じ込んでしまいがちなんだ。もちろん、その後の分析やら反省やらの後知恵を駆使して、そのイメージがウソであると冷静に判断できる場合もある。でも、それができない場合のほうが圧倒的に多いんじゃないかな。だからこそ、視覚イメージには要注意だ。真実らしくみえるイメージほど、慎重に扱う必要がある。それではなぜ、僕らはイメージにこれほどだまされやすいんだろう。

それを説明するにはまず、「想像界」の起源について、知っておいてもらう必要がある。ラカン理論には「**鏡像段階**」という概念があって、ここに「想像界」の起源があるといわれている。これ、もし学校にラカンの授業があれば必ずテストに出るくらい重要なところだから、ちょっと面倒だけどつきあってね。

生後まもない赤ん坊は、まだ脳などの神経系の発達も不十分で、ママと自分の区別も十分につかないらしい。とりわけ人間は、ほかの動物とは違って、個体としてはずいぶん神経系が未成熟な状態で生まれてくる。もっとも、未成熟であるのは必ずしも悪いことじゃない。その後の複雑な発達や適応をこなしていくことを考えたら、ある種の柔軟さを残すという意味でも、未成熟さは大切だ。

それはともかく、赤ん坊は自分の身体イメージもあいまいで、自分がどんな顔をしていて、どのくらいの身長なのか、太めなのかやせているのか、そういうイメージも持てないでいるわけだ。そもそも「自分」という意識すらないんだから、これはしかたないんだけどね。こういう時期を経てきたことの名残が、大人になってからも夢なんかにときどき出てくる「寸断された身体」、つまり、顔や手足なんかがバラバラにされた身体イメージなんだそうだ。それがホントかどうかはさておき、そういう夢なら僕もたしかにみたことがある。

生後六カ月から一八カ月くらいの時期、子どもは鏡に映った自分の姿に関心を持ちはじめる。ラカンによれば、それが自分自身の映像であることを知って、子どもは小躍りして喜ぶという。まあこのへんも、本当に鏡の前のダンシング・ベビーが実在するかどうかは突っ込まないでおいてほしい。僕たちが鏡にひとかたならぬ関心を持っていることは、まぎれもない事実なんだから。

ちなみに、人間以外の動物にとっては、鏡に映ったイメージをみて、自分の姿として認識することはかなり難しいらしい。むしろライバルや敵と思い込んで、ケンカを売ったりすることもあるとか。チンパンジーなど、一部の賢い動物は、鏡を理解できることもあるらしいが、こちらはあくまでも特訓と学習の成果だ。

でも、考えてみれば不思議なことだ。人間はどうして、鏡のイメージを当たり前のように自分のことだと信じ込むことができるのか。ラカンによれば、それは母親によって、ということになる。鏡に映った自分の姿に関心と喜びを示しているわが子に対して、母親が「そう、それはお前だよ」と保証してあげること。これが大切なんだ。こういう経験を経ることで、子どもは「これが僕なんだ」という認識を持つことができる。

じゃあ、このときいったい、子どもは何に喜んでいるんだろう。ラカンによれば、ばらばらに感じられていた自分の身体イメージが、鏡の中でひとつのまとまった直感的イメージを獲得することを喜んでいるらしい。この認識は、最初の知能でもあるという。このように、鏡に映し出されたイメージの力を借りて、子どもが自分のイメージをはじめて持てるようになる時期のことを「鏡像段階」と呼ぶわけだ。

しかし、鏡像段階には大きな「罠」がひそんでいる。いうまでもなく、鏡に映った像はニセモノだ。しかし人間は、鏡に映った像、すなわち幻想の力を借りなければ、そもそも「自分」であることができない。これはイメージというものに対して、大きな「借り」ができたことを意味している。

あたりまえだけど、人間は自分自身の眼で自分を直接に眺めることができない。かわりに、左右の反転した鏡像、つまりはウソの、他者の姿としてしか自分を眺めることができない。これを精神分析では「主体は自我を鏡像の中に疎外する」という言い方をする。自分の姿を理解するために鏡の力を借りている限り、人間はけっして「真の自分の姿」にたどりつくことはない、というほどの意味だ。

左右が反転しているとはいえ、人間の体は基本的に左右対称に近いんだから、別にそんな大げさに考えなくとも、という意見もあるかもしれない。でもね、イメージの左右が逆になるっていうのは、けっこう大変なことだよ。そのことを一番手っ取り早く確認するには、なにか文字の書かれたものを持って、鏡をのぞき込んでみるといい。そこに映るのは、見なれたいつもの自分の顔だけど、一緒に映っている文字は、なんだか得体の知れない記号になってしまっているはずだ。左右反転しただけなのに、ほとんど読めないくらいに。このギャップの大きさこそが、人間が鏡によってだまされている度合いそのものなんだね。

もちろん、こうした「疎外」や「ウソ」は、ほとんど自覚されることはない。このため人間は、自分自身についても誤解に陥ってしまいがちだ。とりわけ自分の欲望については、それが他者の欲望の反映でしかないことなんかも、しばしば忘れられている。でも、もちろん悪いことばかりじゃない。

たとえば「**愛**」。精神分析によれば、いかなる愛も**自己愛**の変形なんだけど、自己愛もこういう鏡像に向けられる過程を経ることで、次第に他者へと向けられるようになっていく。だって、そもそもの自己愛が向かう先が、「鏡の中の自分」という他者なんだから。ちょっとややこしいね。まとめると、愛はそもそも自己愛なんだけど、自己愛はその根底に、本質的に他者へと向かう方向性をはらんでいる、ということになるかな。

あるいは「**同一化**」の能力も、この鏡像段階に由来するものだ。自分ではないものを自分自身だと錯覚することが、「同一化」だ。最初に同一化する対象が鏡像であったおかげで、人間はさまざまな形あるもの、あるいは名前のあるものに対して、自由に同一化することができるようになる。おそらく「真の自己イメージ」を知ってしまった人には、こういう柔軟性はないだろう。むしろ最初の自己イメージがニセモノだったからこそ、いろんな対象に自己イメージを重ねる力が手に入ったわけだ。そう考えると、鏡像段階も捨てたもんじゃないって気がしてくるね。

ところで想像界は、愛だけじゃなく、激しい攻撃性のもとにもなりうる。次の章では想像界の別の側面について、少し詳しく説明しよう。

Lecture 9　愛と憎しみの想像界《イマジネール》

前の章では想像界のなりたちについて、とりわけ重要な「**鏡像段階**」について説明したんだった。この段階で人間は、まだばらばらの状態であったみずからの身体イメージを、鏡の中ではじめて、ひとまとまりの全体性をもったものとして「発見」する。そして、そこで自己イメージを先取りしようとするわけだ。「先取り」ということはつまり、他のいろんな身体感覚はまだ十分に統合されていないのに、自分自身の視覚的なイメージだけは、異常に早い段階で獲得させられるという状況を指している。人間が視覚イメージにだまされやすいのも、このあたりに理由があるのかもしれないね。

でも、しょせん相手は鏡だ。鏡に映ったイメージは、本当の自分の姿じゃない。鏡像段階というのは、本当の自分とは左右が反転した形のイメージに自分を同一化し、それが本当の自分ではないということを忘れていく過程でもあるんだ。これが、いちばん初めの**ナルシシズム**（**自己愛**）だ。だから「自分」というのは、本当のことを言えば、自分とよく似たニセモノのイメージのことになる。その意味じゃ、鏡をのぞきこんで「ボクってステキ」というタイプのナルシシズムは、本当は自分自身へ直接に向けられた愛情とはちょっとちがう。

ちなみにナルシシズムの元ネタがギリシャ神話っていうのは知ってるよね。美青年**ナルキッソス** Narcissus（英語読みならナーシサス）の有名な物語。とにかくモテモテのナルキッソスは、森のニンフ、エコーにつれなくしてしまったために、エコーはひきこもったあげくに声だけの存在になってしまう。その思いやりのなさに腹を立てた復讐の女神ネメシスは、ナルキッソスに呪いをかける。そんなに誰も愛せないなら、せいぜい自分に惚れ込んでなさい、とね。そんなある日、ナルキッソスは水を飲もうとして、水面に映った美青年、つまり自分の姿に恋をしてしまった。恋する立場になってようやく、自分がひどい仕打ちをしたことに気づいたものの、時すでに遅し。ナルキッソスは、自分の似姿に魅了されたまま、その場から離れることもかなわず、だんだんと衰弱して死んでしまう。彼の死体があった場所に咲いていた黄色い花は、のちに水仙（ナルキッソス）と呼ばれることになる。

エコー、つまり「声」と「言葉」をないがしろにしたナルキッソスが、「イメージ」に殺される、ということも含めて、なかなか含蓄のある話だね。でもさしあたり重要なのは、この神話においてすら、ナルキッソスは鏡像を他人だと思い込んでいたということかな。ナルシシズムは、その起源からすでに、自分自身ならぬ「自分によく似た他人」への愛情だったわけだ。さらに言えば「似ている」ということには、どんな基準も制約もない。似ているかどうかなんてことは、純粋に主観的にしか決定できないことなんだね。というわけで極論すれば、視覚イメージに魅了されるということは、多かれ少なかれナルシシズムの作用ということになる。

そもそも**想像界**は、そのはじまりから深く自己愛と結びついている。自分だけの想像や空想だけにひたっているファンタジーな人が嫌がられるのは、そのたたずまいが、すごく閉じていて自己愛的にみえるからだ。おたくの人たちに向けられがちな嫌悪感もこれに近い。酒井順子サンが一部の「負け犬」の人たちからにじみ出していると指摘した、あの「イヤ汁」の成分も、たぶんきっと自己愛だ。いくら想像の世界に没頭しても、他人の迷惑にはならないと思うんだけど、それでも嫌われてしまうのは、それがすごく自己愛的なふるまいに見えるからなんだろうね。

ところで、「嫌悪感」ついでに言えば、「鏡像」あるいは「似ていること」が、激しい攻撃性をもたらすことがある（時には強烈な愛情につながることもあるけどね）。実は攻撃性の起源の一つは、ここにあるんじゃないかと思うくらいだ。

たとえばフロイトは「**小さな違いの自己愛**」ということを指摘している。外見や性質がまったくかけ離れたものどうしでは生じにくい敵意が、似たものどうしの間では生じやすいことがある。それは、似ているがゆえに、ほんの少しの違いに固執して、自分のほうが優位に立とうという感情だ。よく「**近親憎悪**」なんて言い方があるけれど、これに近いかな。

具体例で言えば、そうだな、ハリウッド・スキャンダルはどっか遠い惑星の話として、面白くはあってもそんなに嫉妬はかき立てられない。でも、日本の芸能スキャンダルになると、嫉妬やら羨望やらで、ずいぶんと叩かれたり足をひっぱられたりする。同胞だからこそ向けられる強い攻撃性の良い例だね。その源には、「俺があいつの立場だったら」という同一化の想像力が働いているわけだけど、これこそがナルシシズムの産物なんだ。ほかにも中国や韓国の反日感情にも、その種の攻撃性を感じるね。もちろん日本の「嫌韓流」も同根なんだけど。

ところで、鏡像が激しい攻撃性に結びついた話としては、ラカンが報告した「**症例エメ**」が、あまりにも有名だ。これについて、ここで簡単に紹介しておこう。もとの論文のタイトルは「人格への関係からみたパラノイア性精神病」という。一九三二年に発表された、ラカンの学位論文だ。

一九三〇年代初頭のとある春の宵、人気女優のZ夫人は、舞台出演のため劇場に到着した。彼女は楽屋へ通ずる出入り口にさしかかったところで、近づいてきた見知らぬ女性にナイフで斬りつけられ負傷してしまう。この犯人がのちに症例エメと呼ばれることになる三八歳の女性だった。エメはすぐに逮捕されたんだけど、犯行の理由については、

Z夫人が自分のスキャンダルを巻き起こしていることに気づいたなどと、意味不明なことを述べていた。エメは精神鑑定を受けて迫害妄想を持っていたと判定され、サンタンヌ病院で入院治療を受けることになる。このときエメを担当した医師が、ラカンその人だったんだ。

エメは一八歳からある鉄道会社の事務員として真面目に勤務していた。ただし一度だけ、精神障害のために一〇カ月間休職したことがあった。エメには夫との間に息子が一人いたんだけど、エメの職場がパリに移ったために、そこで単身赴任生活を送っていたようだ。一人暮らしの日々の中で、エメはなぜかZ夫人が自分に不利な噂を立てたり、自分の息子に危害を加えようとしていると感じるようになる。この攻撃を阻止するために、エメは夫人をナイフで襲ったんだけど、逮捕されてからエメの状態は劇的に変化した。迫害妄想が跡形もなく消えて、エメは自分のしたことを悔いるようになったんだ。

エメの複雑な生い立ちについては省略する。ここでは「鏡像」に関連しそうなところだけ、かいつまんで述べることにしよう。エメは結婚前に、職場で同じ部署だったC嬢と親しく交際していた。彼女は知的かつ非常に魅力的な女性で、しかも没落貴族の出身ということを隠そうともせず、その貴族的なたたずまいと上流階級的な振る舞いによって、エメたち同僚を下僕のように従えていた。エメはそんなC嬢にすっかり魅了されていた。エメが怪我を負わせたZ夫人の名前も、このC嬢から聞いたらしい。配置転換で

C嬢との関係は終わるんだけど、子どもを生んだ頃から、エメはC嬢に対しても被害妄想的になっていく。あんまり妄想がこうじたので、三二歳の時に入院治療を受けるんだけど、実は十分には改善していなかったんだね。Z夫人が自分を迫害しようとしているという妄想を抱くようになるのも、このころからだったようだ。

C嬢といいZ夫人といい、エメが妄想をいだく相手は、魅力的な上流階級の人間、言い換えるならエメがそうなりたいと切望しつつなれなかった立場の人間ということになる。このとき、憧れの対象は、エメが理想を投影するための鏡となっている。「自分とは何か」という問いかけは「自分は何を欲しているか」という問いかけとイコールだ。エメの理想は、エメに「自分とは何か」という問いの答えを与えてくれるイメージなんだ。そのイメージに魅入られているかぎり、エメは調和と統一性をそなえた自己イメージを持つことができた。これはすごく重要なことだ。人間は自分の立場や存在意義のために、ときには命も投げ出してしまうからね。

こうしてC嬢やZ夫人は、エメの鏡像になった。しかし、それは決して、安定した心の平安をもたらしはしない。むしろそれは、新たな戦いを準備することになる。どんな戦いか？　それはまさに、所有とコントロールの権利をめぐる戦いだ。いったい誰が、エメ自身の主人なのか。エメ本人か、あるいは鏡像としてのZ夫人か。これは鏡像と正面から向かい合っている限り、けっして答えのでない問いかけなんだ。かくしてエメは、

Z夫人に魅了されると同時に、あたかも自分からすべての良いものを奪い去ってしまった憎むべき敵として、夫人を激しく攻撃するようになったんだ。

この症例報告をここまで読んで、「あの映画そっくりだ」と感じた人は多いと思う。そう、エメの物語は、パトリシア・ハイスミス原作、ルネ・クレマン監督、アラン・ドロン主演の映画**『太陽がいっぱい』**と、構造的にとってもよく似ている。この映画を、症例エメを引用して分析していた論文もたしかあったと思う。もう四〇年以上前の映画だから知らない人も多いと思うけど、さいわいごく最近になって、アンソニー・ミンゲラ監督、マット・デイモン主演の映画**『リプリー』**というタイトル（こっちが原題に近い）でリメイクされ、大ヒットした。これなら観た人も多いだろうから、こちらについて簡単に解説しておこう。

『リプリー』は、イタリアで遊び暮らしている大富豪の息子ディッキー・グリーンリーフと、ハンサムな彼に憧れて同一化しようとしたあげく、ついには殺してしまうトム・リプリーという、ふたりの青年の物語だ。トムは、貧乏でナイーブな空っぽの青年で、しかし物真似の才能には恵まれている。トムはディッキーの父から息子を連れ帰るよう依頼されてイタリアに渡るんだけど、太陽のように明るく魅力的な青年ディッキーに魅せられてしまい、次第にディッキーに同一化していく。ディッキーのほうも、最初は好奇心からトムと親密になるが、次第にそうした同性愛的な関係に嫌気がさして、トムを遠ざけようとする。その挙げ句の殺人。トムはディッキーのサインを真似、所持品を身につけてディッキーになりすまそうとする。しかし……。

ネタバレはしないように、紹介はここまでにしておくけれど、愛情ゆえに同一化し、同一化してしまったがために支配欲が生まれ、支配欲ゆえに激しい攻撃性がもたらされるという構造は、まさしく症例エメと同じだね。いや、それどころか、この種の事件は、実は過去に何度も繰り返されてきた。ジョン・レノンに五発の銃弾を撃ち込んで殺害したマーク・チャップマン、同じくジョンのファンで、同時に『タクシー・ドライバー』の主人公トラヴィスに傾倒し、レーガン大統領の暗殺をこころみたジョン・ヒンクリー・ジュニア、愛と攻撃性の究極の一体化とでもいうべきカニバリズムに走ってしまった佐川一政……。

こんなふうに、いったん鏡像関係が生まれてしまうと、そこには強い愛と同時に、激しい攻撃性が生まれてくる。鏡像に自己イメージを理想を含めて投影し、同一化を試み、しかし同一化が進めば進むほど、自己の支配権、所有権を鏡像に奪われてしまうという不安や被害感も高まっていく。これがまさに「食うか食われるか」という、激しい闘争にまで発展していくわけだ。ラカンはこの関係を、**ヘーゲル**を引用して「**主人と奴隷の弁証法**」と呼んでいた。そしてこの関係は、鏡像関係、言い換えるなら二者関係から抜け出さない限り、けっして終わらない。第三者からの介入が必要になってくるんだ。そう、エディプス期において、母子関係に「父」が介入してきたようにね。

エメのケースにも、そういう解釈を当てはめることができる。ラカンは、エメの迫害妄想の背後に、「法律によって罰せられたい」という願望があったのではないかと指摘し、「**自罰パラノイア**」という診断を下している。そして事実、エメは逮捕されて精神病院に収容される、つまり「罰を受ける」ことで、妄想から改善していったんだ。もしラカンの解釈が正しいのなら、エメ—Z夫人の鏡像関係は、まさに「罰を下すもの」としての「法」の介入によって破壊され、このときエメははじめて、愛と攻撃性の夢から醒めることができたんじゃないか。この発想は、現代においても、たとえばＤＶや依存症の治療現場などでは、すごく「使える」ように思うんだけど、どうだろう。

Lecture 10 対象aをつかまえろ!

しばらく想像界の話が続いたので、今回はちょっと流れを変えてみよう。

ラカン、というよりも、ラカニアンの書いたものを読んでいると、よく目に付く言葉に「**対象a**」というものがある。ちなみにこれを「タイショウエー」と読んではいけない。「タイショウアー」と読むのが〝通〟だ。もっとも、完全フランス語読みで「オブジェプチター」とか読むのはやりすぎ。「a」はイタリック体の「*a*」じゃなきゃ、というこだわりも、ちょっとカルトくさいかな。まあ空気を読んで使おう。

これもラカンが難解と思われる原因の一つなんだろうけどね、こういうナゾの言葉が出てくるのは。でも、ラカンを語る上では、やっぱりはずせない言葉なんだ。もっとも、外見の割には、そんなに難解な言葉じゃない。要するに「対象a」とは、「**欲望の原因**」のことだ。欲望については、これまで何度も触れてきたから、なんとなくイメージはつかめていると思う。つまり人間は、「本当の欲望の対象」をつかむことができない、ということ。簡単におさらいするなら、食欲のような欲求は、食事で満足させることができるけど、物欲や性欲のような「欲望」には、究極の満足はあり得ない、ということだったね。なぜなら、欲望はあくまでも言葉の作用によって後天的に生ずるものだから。「対象a」は、こういう欲望の「原因」と言われているもの。ちょっとここで注意してほしいのは、「原因」と「目的」が違うってことだ。これ、混同されやすいから注意してね。人間は対象aそのものをめざすことはできない。ただ、人間が欲望を持つとき、そこには必ず、対象aの作用が働いている。じゃあいったい、対象aってのは、どんな「もの」なのか。

まず言えること。それは「この世」の実在物じゃない。それはむしろ、「この世に客観的には存在していない」ことによって、僕らの欲望に作用する。「ない」ものが欲望の原因になるとは、これいかに。Lecture 7で、去勢のことについて説明したよね。あれをちょっと、思い出してほしい。そう、人間は去勢されることによって「人間」になる。「去勢の受け入れ」は、僕たちの主体に欠如をもたらす。そして、この欠如から欲望が生じてくるんだ。

ここでちょっと寄り道。「**移行対象**」って、聞いたことある? これはイギリスの**ウィニコット**という小児精神科医が言い出した概念で、子どもが成長する過程で、なぜか手放そうとしない人形やタオルなんかをこう呼ぶ。Lecture 3でちょっとふれたライナスの「安心毛布」なんかが典型だ。大人と違って、子どもにとって「対象」というのは、すごく特別な存在のことを指している。精神分析では、子どもははじめ幻想の世界の住人で、いろいろと学習を重ねながら幻想と現実を区別できるようになっていく、ととらえることが多い。移行対象っていうのは、ちょうど幻想と現実を橋渡しするような存在、子どもにとっては自分の内面にあるとも外側にあるともいいにくい存在ということになる。だから大人から見れば、ただのボロ切れのような汚いタオルでも、子どもにとっては友達のような、すごく特別な宝物なんだ。それを捨てることができて初めて、子どもは本当の意味で現実を生きるようになる。

ラカンが対象aのアイディアを思いつくさいに、大きなヒントになったと言われるのが、この「移行対象」の概念だ。たしかに対象aも、現実とも幻想ともつかない曖昧さをはらんでいる。しかしそれでいて、人間の生き方に大きな影響を及ぼす。ただウィニコットは、子どもがそれを手放す過程を重視したわけだけど、ラカンはそうしなかった。「対象a」の影響は、成長してからもずっと続くと考えたんだ。つまり、欲望の原因としてね。

対象aは「**小文字の他者**」とも言われている。これは大文字の他者Aに対する言い方で、「**大文字の他者**」というのは、すなわち象徴界のことだ。なんで「小文字」かっていうと、大文字ほどえらくないから。大文字の他者は、これはもう、どっからどうみても立派な、完璧な他者。でも小文字の他者である対象aは、「自我」と密接に結びついていて、ときどき入れ替わったりすることもある。つまり、対象aによって引きおこされた欲望は、しばしば自分自身に向いていることもあるんだね。

対象aの例としてラカンがあげているのは、乳房、糞便、声、まなざしの四つだ。その説明としてラカンは、このどれもが身体の一部が破裂したような形でしかイメージできないから、としているけど、ちょっとわかりにくいね。この「破裂」の比喩については、どれも必ず失われてしまう対象でありながら、それに対して決して無関心にはなれない、というくらいに「翻訳」しておこう。

さて、もちろん対象aになぞらえられるものはこの四つだけじゃない。もっとわかりやすい例としては、やっぱり「お金」がいいかなあ。お金への欲望というのは、本当にきりがないからね。この欲望は、あきらかに後天的に学習されたものだ。それが求められるのは、まさに僕たちにとってお金が「常に不足している」ため、「誰もが欲しがる」ために過ぎない。だって、お金という物質そのものには、大した価値があるわけじゃないんだから。紙幣なんて、ただの印刷した紙切れなわけだし。

そんなお金が一番リアルに感じられるのは、なんといっても、それが欠乏しているときだ。手許に有り余っているときはそんなでもないけれど、足りないときほどその存在が強烈に意識される。借金なんかしようものなら、こんなリアルで恐ろしいものはないよ。下手すりゃ命にかかわるくらいだ。つまり、お金は「そこに存在しない」ときほどリアルな存在なんだね。

たしか**岩井克人**さんが言ってたことだけど、お金については「実物の貨幣こそがヴァーチャルで、その概念のほうがリアル」なんだそうだ。身近な例では、たとえばコンビニで小銭を出しているときより、クレジットカードで買い物するときの方が、自分の経済状態がリアルに意識されるような感じかな。不在であるときほど、もっとも強い効果をもたらすことができる存在ということで、「お金」は万人にとっての「対象a」と言えるかもしれない。

そして、お金が一番「対象a」に似ているところは、それこそが「欲望の原因」である、っていうところかな。え？　おかしいって？　自分はお金のために働いているから、お金こそが究極の目的なんだって？　いやいや、君がホリエモンか誰かの口真似をしているんじゃなくて、本当にリアルにそう感じているなら、別にそれに反対するつもりはないよ。ただ僕は、「お金のために」云々という、いっけん合理的な言い回しが、実は資本主義社会がもたらした最大の幻想の一つなんじゃないか、という疑いをどうしても捨てきれないんだ。

ここは僕自身の経験を例に取ってみよう。僕が思い出すのは、「**bk1**」や「**amazon.com**」などのオンライン書店が評判になって、おっかなびっくり登録してみたときのことだ。なにしろ、あまりに多忙だったので、書店をゆっくりと徘徊する時間もとれなくなっていたものでね。そうしたら、どうなったと思う？　登録した月から、僕の書籍購入額は、それまでの数倍以上に跳ね上がったんだ。暇だった大学院生時代にも、結構本は買っていたけど、そのときも上回る勢いだ。じゃあそれ全部読んだのかって？　そんなワケないじゃん。僕の診察室に「本柱」が何本も林立するという、大変みっともない状況になっております。自宅にはもう置くところがないもので。

まあ余談はともかく、なんで僕が、こういう誰にもありがちな体験を語っているかというと、僕の欲望は必ずしも「本が欲しい」だけじゃなくて、むしろ「購入しやすくなった」ことに起因していたってことが、非常によくわかる話だから。ここでは欲望の対象である本の存在以上に、購買力の増大が本への欲望を生み出している。まあ僕の場合は、経済力よりはネットの利用環境が変わったことが大きいんだけどね。もちろん人によっては経済的に豊かになることが、購買力の上昇につながることも多いだろう。

つまりこういうことだ。僕たちの欲望は、「欲しい物」、つまり目標が存在するから生まれるんじゃない。「欲しい物を金で（ネットで）買える」という可能性こそが、僕たちの欲望を生み出しているんだ。その意味では「もっとお金が欲しい」という言葉を、「もっと欲望が欲しい」と解釈することもできる。そして「欲望が欲しい」という欲望は、ほかの欲望となんら変わりない。その意味では、やはり人間の欲望にはきりがなく、それゆえに「貪欲」は罰を受けるべきなのかもしれない。ただしもちろん、ことはお金に限ったことじゃない。いろんな宗教や寓話などで貪欲が戒められているのは、基本的に人間の欲望には際限がないという真理が共有されていればこそだ。むしろ、ここで気をつけてほしいのは、そういった教訓が決して「欲望を持つな」とは言っていないことだ。

たとえば**グリム童話**に『**星の金貨**』っていうお話がある。まあ酒井法子の昔のドラマのほうを思い出してもらってもいいけどね。これは貧しい少女が、森で出会ったさまざまな子どもたちに、自分の所持品をすべて与えて、とうとう丸裸（！）になって満天の星を見上げたら、空から一斉に星が降ってきて金貨に変わった、というお話。これが美談であるためには、この少女が完全に無欲であってはいけない。金貨を適切に使用できる程度の欲望を持っている必要がある。そういえば、オスカー・ワイルドの『**幸福の王子**』も、構造的には似た話だった。いずれの主人公も単に無欲であるばかりではなく、自己犠牲への欲望を持っている。そう、それもまた一つの欲望なんだ、精神分析的にはね。

そもそもこういう「無欲（欲望の少なさ）」や「自己犠牲」が、最高の報酬で報われるという寓話は、考えてみればたくさんあるよね。むしろ寓話や童話の王道パターンでしょう。日本にも「**舌切り雀**」や「**花咲かじいさん**」「**笠地蔵**」など、有名なお話にはこの手の教訓が多い。「**浦島太郎**」のオチなんかも、ちょっとそんなところがある。

ところで、こんなことを言うと「そうやって素朴なおとぎ話まで分析の言葉で汚そうとする」とかいって怒る人もいるけど、それは誤解ですよ。僕たちはべつに、価値判断をしたいわけじゃない。ただ可能な分析を試みているだけで、その回答があなたにとってリアリティがなければ、それまでのこと。僕たちは必ずしも「真理」や「正しさ」だけを求めているわけじゃないし、それを他人に押しつけるつもりもない。むしろリアルな幻想を求めていると考えてくれた方が、まだ近いかもしれないくらいだ。それと余談ながら、今回ひさしぶりに『星の金貨』だの『幸福の王子』だのを読み直してみたら、やっぱり泣けますね、こういう古典は。ええ、もちろん泣きながら分析しましたとも。

閑話休題。これらの教訓が教えてくれるのは、象徴的な意味でのフェアプレーの精神だ。自己犠牲も、少ない欲望を持つことも、結果的には「象徴界」に、それなりのものを支払っていることを意味している。ということは、これらのお話は「支払ったものは報われる」ということが教訓になるか。でもそんなことを言えば、たいていの美談の構図は、こういう形におさまるよね。匿名での寄付とか、ボランティアとかね。つまり象徴界は、人間に無限の欲望をもたらすと同時に、あらゆる文化において、こうした自己犠牲的な「支払い」への欲望もセットで与えてくれるってわけだ。

こういう利他的な行動を遺伝子だけで説明する人もいるけど、まだ塩基配列も特定されていないような仮想の遺伝子を持ち出して説明することは、はじめから実体のない「象徴界」による説明と、ほとんど同レベルだ。でも僕にはそんな「情けは人のためならず遺伝子」の存在よりは、欠如によって効果をもたらす象徴界のほうがリアルに思えるなあ。

たとえば僕は、自己犠牲の物語に、それはもう無茶苦茶に弱い。宮澤賢治『**グスコーブドリの伝記**』からアニメの『**アイアン・ジャイアント**』まで、この手の話は思い出しただけでもう涙腺が……。わかっていても目の幅の涙が……。で、なんとか自己分析を試みるなら、結局これらの物語を支えているのは「**反復**」なんですね。報われない、トラウマ的環境にある主人公が、同じく報われない他者を自己犠牲によって救済することで、最終的に自分も救われる。象徴界を介して演じられる「救済」の反復が、それこそ反復によって色あせてしまわないのは、僕たち（あるいは僕個人）が、いつでも自分のことを「努力が報われない不遇な主人公」としてイメージすることができるからかもしれない。ま、あくまでもイメージなんですがね。

えー、例によって本題からそれつつあります。このへんで本筋に戻しましょう。多くの童話やおとぎ話で「対象a」にあたるのは、お金や物じゃない。それはつまり「永遠の幸福」と呼ばれるものだ。ほとんどのハッピーエンドは「いつまでも、幸せに暮らしました」で終わるけど、これも僕たちの幻想にありがちな形式の一つなんだね。もちろん「そんな幸せなんか、あるわけない」と否定してみせるのは簡単だ。たぶん「大人」なら、そうするだろう。じゃあなんで、ことさらにそんなことを言うのか。それは僕たちが本当は「いつまでも幸せに暮らす」可能性を信じたいからだ。だから、そういう信念のナイーブさを笑われて傷つく前に、自分で否定してみせる。でも、こういう身振りは、実は信念を強化してしまうほうに働くことが多いんだ。

じゃあお前はどうなんだって？　もちろん一般論としては、「永遠の幸福」なんかあり得ないですよ？　でもひょっとしたら、僕一人だけなら、それは可能かもしれない……と、どうしても思ってしまうなあ。で、こういう考え方が、すでに僕自身が夢の領域に踏み込んでいる証拠だ。そう、もしあなたが「一般論」と「自分」を切り離して物事を考え始めたら、すでにあなたは「リアルな幻想」を見ている可能性が高いんだ。もっとも、多くの向上心が、こういう幻想に支えられていることを考えるなら、幻想だからよくない、とは単純には言えないんだけどね。

こういう「自分だけは特別」という幻想に浸っているとき、人はすでに対象ａの作用のもとにある。ある意味、現代くらい「自分は特別」幻想が強力な時代はなかったかもしれないね。じゃあ、ここでは何が「対象ａ」の位置にあるのか？　それはおそらく「本当の自分」ってやつだろう。「『本当の自分』を探すことができる」という可能性が、「自分探し」やら「癒し」やらへの欲望や、「自分は特別」幻想を生み出しているんじゃないかな。こんなふうに対象ａは、欲望の原因でもあると同時に、いろんな幻想を生み出す力もあわせ持っている。そもそも欲望と幻想とは、切っても切れない関係にあるわけだしね。だからたとえば、「リアリティのあるフィクション」は、どこかで対象aの力を借りているはずなんだ。あるいはブランド品。「**たまごっち**」から「**ファービー**」に至る、流行のオモチャ。こういった物への欲望にも、対象aの作用は働いている。

ところで、去勢から生じた対象aは、けっして欲望の対象ではあり得ない。僕たちの欲望は、いつも対象aの周りをぐるぐる回りながら、けっして対象aそのものにたどり着くことはない。たとえば恋愛しているときを考えてみよう。僕たちは恋人の外見ではなくて、心の美しさをしばしば賛美しようとする。このとき恋人がうちに秘めているはずの、謎めいた素晴らしい「心」の存在こそが「対象a」ということになる。ところが残念なことに、しばしばそういう「心」は存在しない。

要するに対象aとは、ラカン派哲学者・**ジジェク**の言い回しを借りるなら、それ自体は空っぽなのに、あるいは空っぽであるがゆえに、そこに僕たちのいろんな幻想を投影することができるスクリーンみたいなものだ。「恋人の心」もそんなスクリーンなのだ。その意味では、対象aは、純粋な想像の産物でもないし、現実的な存在でもない。にもかかわらず、僕らの幻想において中心的な位置を占め、その完全なイメージを持つことはむずかしい。それは、いわば三界（想像、象徴、現実）が接しあうような境界に位置づけられていて、どこにもきちんと属さないかわりに、それぞれの特徴を少しずつあわせ持っている。僕たちが自分を語るとき、どうしても語りきれずに残ってしまうもの。

現実を象徴化し尽くそうとこころみても、どうしても取りこぼしてしまう現実の尻尾。ラカンは対象aの概念を洗練していくときに、**マルクス**の「**剰余価値**」概念をヒントにしたらしい。そう、対象aはいつでも、いろんな意味で「余り」の位置におかれているのだ。

そんなわけで対象aは、神経症者にとっては隠蔽されており、性的倒錯者にとっては客観的に示されており、精神病者にとっては実体化されることになる。ここは、ちょっとわかりにくいかな。ラカンによれば、僕たちはみな**神経症**者ということになるわけだけど、当の僕たち自身は、ふだん自分の欲望の原因については忘れて暮らしている。つまり、そこでは対象aが隠蔽されている。**倒錯者**については、たとえばフェティシストは、自分の本当に欲しいものがよくわかっている。だから下着なら下着、靴なら靴を、自分自身の欲望の根拠あるいは目標として、他人にも説明することができる。じゃあ、**精神病**ではどうか。とくに統合失調症（ex. 分裂病）がそうなんだけど、彼らは幻想と現実との区別が、通常から見るとちょっとずれている。だからこそ、その場に居ない人の声までも、ありありと聴き取ってしまうことができるんだ。ただし、この能力は、精神医学的には「幻聴」と呼ばれる症状になってしまう。

さて、現実界、象徴界、想像界、そして対象aとだいたいのところは説明してきたので、ここでラカンといえば必ず引用される、超有名なシェーマ（図式）について簡単に

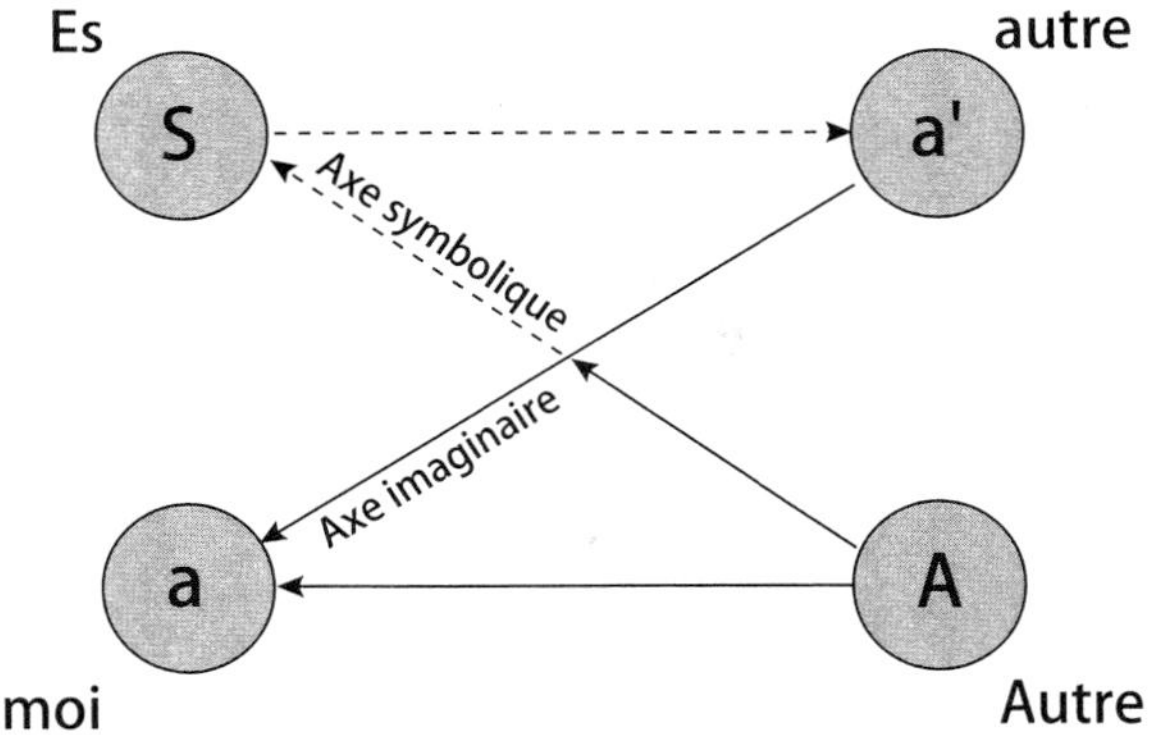

図1　シェーマL

ふれておこう。

その名は「**シェーマL**」。こんな図だ（図1）。

まあぱっと見ても、なんだかよくわからないと思うんだ。で、ラカンの場合、こういう図式は話を整理するためというよりも、もっとややこしくするために使われていることのほうが多い。だからこの図についても、きっちり解説したら一章分くらいかかってしまう。でもね、この本は日本一わかりやすいラカン入門だ。こんな図の説明は一〇行くらいですませてしまおう。

Sは「主体」、a'は小文字の他者こと「対象a」、Aは「大文字の他者」、そしてaは「自我」だ。で、この図がなにを言わんとしているかというと、「主体と大文字の他者との関係は象徴的なものである」ってことと、

「その関係はいつでもa'―aの平面、つまり想像界の介在によってジャマされる」っていうこと。だからこの平面はまあ、鏡みたいなものだと思ってくれればいい。ほら、生まれたばかりの僕らを最初にだまくらかしてくれた、あの鏡だ。

だから結局、僕らがわかったつもりになれるのは目に見えてる世界（＝想像界）まで、象徴界の作用はいつでも想像界を通じて間接的にしかあらわれないんだね。だからほら、A→Sをつなぐ矢印が、a'―aの平面にぶつかって、あとは点線になっちゃってるでしょ。あと、もうひとつ大切なのは、この図にもあるように、自我が想像的なものだってこと。そう、自我とか意識とかって、わかりやすいけどニセモノの認識ってことになるんだよね、ラカン的には。

さて、シェーマLについてはこれで片づいた。もういちど寓話の世界に戻ろう。

もしもこの世に「幸せの青い鳥」が存在するならば、その存在を知ることで、「**青い鳥**」への欲望が生まれるだろうことは、容易に予想がつくよね。このとき「青い鳥」は対象aの位置にあるわけだけど、**メーテルリンク**の童話が教えてくれることは、青い鳥は捜しても決して見つからないということ。そして、捜すのをやめたときに、初めて見つかるような対象であることだ。そう、たくさんの童話や寓話は、自分の欲望の原因を探すための秘訣について、共通の教訓をもたらしてくれるだろう。すなわち「手に入れたければ、求めたり探したりしてはいけない」ということ。その変形バージョンとしては「自分の欲望の原因は、決まってその価値のわからない他人のものになる」「欲望の原因は、それを求めていないときに与えられ、ひとたびそれを惜しむ気持ちが生まれると、それは必ず失われる」というものもある。

実は僕たちの業界でも、そういうことはよく言われる。「患者を治そうとしすぎるな」というのもその一つ。医師にとって治療が目的なのは当然だし、治療が可能であるからこそ、治療したいという欲望も生まれる。でも、だからこそ、「なにがなんでも自分が治す」という功名心は危険なのだ。患者のための治療がいつのまにか、自分のための治療になってしまい、そういう勝手な思い込みから、いろんな問題をもたらすことになりかねない。もちろん、治療成績も悪くなると言われている。よく「医者は自分の身内は治療できない」と言われるけれど、それもこのへんの事情と関係しているんだろうな。

ちなみに治療といえば、ラカン自身は精神分析家に対して、患者の対象aとなるように勧めている。つまり、患者の欲望の原因になりなさい、ということか。治療を直接にめざすよりはいいかもしれないけど、これはこれで、ひどくむずかしそうだ。

フィクションの例で言えば、**宮澤賢治**の童話には、そういうモチーフが多いように思う。たとえば**『よだかの星』**では、醜い肉体を捨てて星になりたいという願いを持つよだかが、いろんな星に頼んでは断られ、とうとうあきらめてヤケになって飛び続けていくうちに、最後には美しい星になる。**『セロ弾きのゴーシュ』**では、セロの上達を願う青年が、いろんな動物の奇妙な依頼につきあわされる。はじめは練習の邪魔と迷惑がっていたのに、気がついたらアンコールのソロで喝采を浴びるほどに上達していたという話。でも、何と言ってもこのモチーフが一番はっきり出ているのは**『貝の火』**だろうね。それほど有名じゃない話だから、ここで簡単に解説しておこう。

ホモイという小ウサギが川に落ちたヒバリの子どもを助けて、鳥の王様から「貝の火」という宝石をもらう。透明な丸い玉で、中には美しい炎が燃えている。ただし「一生満足に持っていることのできたものは今までに鳥に二人魚に一人あっただけ」という伝説がある。貝の火の所有者ということで、すべての動物からの尊敬を一身にうけたホモイは、だんだんと傲慢になっていく。栗鼠に鈴蘭の実を集めさせたり、キツネと一緒にもぐらの親子をいじめたり、その度に父さんウサギに叱られるんだけど、貝の火は全然色あせない。ところがあるとき、ホモイは動物園を作ると称して鳥をガラス箱に閉じこめたキツネをたしなめようとして、逆に脅されて逃げ帰ってしまう。その晩はじめて貝の火は曇りはじめ、翌朝にはすっかり鉛の玉のような有様。ホモイは父さんウサギと一緒にキツネをやっつけて、捕らわれた鳥たちを解放するが、時すでに遅し。曇った貝の火は粉々にはじけてホモイを失明させ、フクロウには「たった六日だったな」とあざけられる始末。

なんともひどい話だよね。無邪気なホモイがあんまりかわいそうだ。こんな陰惨な童話は、賢治作品にもほかに例を見ない。もちろんここに、仏教説話的な教訓を読みとることもできるだろう。慢心の戒め、とかね。でも、ラカン的な視点を取ると、別の見方も可能になってくる。

ここでは「貝の火」が対象 a だ。対象 a にしては何ともあっさり与えられるわけだけど、この場合は、その火を絶やすことなく所有し続けることという試練とセットで与えられている。貝の火は、持っているだけで誰からも尊敬され、自分をいじめたキツネのような相手にだって、手下として何でも命じることができる。だから貝の火を持つことによって、ホモイはそれまで気づかなかった自分の欲望に気づいてしまう。そう、貝の火は欲望の原因として、ホモイに影響を及ぼすわけだ。そしてホモイは、自分の欲望が暴走するのを止めることができなくなる。貝の火を持ち続けるためには、欲望をコントロールしなければならず、ときには誰よりも禁欲的に振る舞わなければならない。しかし子どものホモイには、それがわからない。ちょっとぐらい傲慢にふるまっても色あせない貝の火を見て、自分は特別な存在だから、何をしても大丈夫、と思い込んでしまう。

ただ、この物語には救いがないわけじゃない。失明して泣いているホモイを、父さんウサギが優しく慰めるラスト。「泣くな。こんなことはどこにもあるのだ。それをよくわかったお前は、一番さいわいなのだ。目はきっと又よくなる。お父さんがよくしてやるから。な。泣くな。」子どもの頃にこの物語を読んだときは、僕はこんなセリフ、ただの気休めじゃないかと思ったものだ。でも、大人になって読み直してみると、これはこれで実に含蓄のある結末だ。この父親の厳しさと優しさ、そして頼もしさ。ただ綺麗なだけの貝の火なんかよりもよほど価値のある存在が、実はずっと身近にいてくれたことに、ホモイはいつか気づくんだろうか。やっぱり「青い鳥」は、常にすでに、家にいるんだなあ。

ちょっとしんみりしたので、賢治作品からもう一つ、お気に入りのセリフを紹介してしめくくろう。

「よろしい。しずかにしろ。申しわたした。このなかで、いちばんえらくなくて、ばかで、めちゃくちゃで、てんでなっていなくて、あたまのつぶれたようなやつが、いちばんえらいのだ。」（**『どんぐりと山猫』**）

そう、ここでは「いちばんえらいこと」が「対象ａ」だ。いちばんえらくあるためには、いちばんえらくない存在であらねばならない。こうしてみると、宮澤賢治は、あきらかにラカン読んでますね。それも、ラカンが最初の論文を書く前に。

もちろん、欲望を否定する必要はない。というか、それを否定しきることは誰にもできない。だから大切なことは、欲望のしくみを理解した上で、ときには無欲を装って生きることだ。欲しい物を真っ正面からばかり見つめずに、横目で眺めてみるレッスンも大切。そして、象徴界への支払いも忘れずに。そうすれば、必ず報われる。なぜならラカンによれば、そういう「手紙」は必ず宛先に届くのだから。

Lecture 11　すべての男はヘンタイである

前の章は対象aの話だったから、この章はそこからの発展で、**フェティシズム**について考えてみたい。フェティシズムというのは、性的倒錯、つまりヘンタイ一般にかかわる問題だから、すごく大切だ。ヘンタイの多様性たるや、これがまたびっくりするほどのもので、いかに人間の欲望には際限がないかということを教えてくれる。

もっとも、精神分析によるなら、人間は誰もがヘンタイ性を抱えていることになる。じゃあなんで、すべての人間がヘンタイじゃないかと言えば、一つには「去勢」を経験するからだ。この話題は、もう何度もふれてきたから、大丈夫だよね。さらに言えば、いろんな教育の過程の中で、僕たちは唯一の正しいセクシュアリティとしての**異性愛**《ヘテロセクシュアリティ》、すなわち「男女間の性愛」を刷り込まれる。教育といっても、性教育だけじゃないよ。僕たちが人生で最初に出会う性的な存在は両親だ。両親の正常な、つまりヘテロな性愛なくして、僕たちは生まれてくることすらできなかった。つまり両親のもとで養育されること自体がそのまま、まず第一の「教育＝刷り込み」なんだ。ほかにも、漫画、テレビ、ゲーム、子どもどうしの会話など、「ヘテロな性愛の正しさ」と

「それ以外のセクシュアリティの異常さ」を学ぶきっかけはいくらでもある。

あんまりこういう言い方はしたくないけど、ヘテロな性愛ってのは、僕たちにとって、もっとも深いレベルで植えつけられたイデオロギーのようなものだ。言ってみれば、人類最古のイデオロギーだね。いや、だからどうだと言いたいわけじゃない。もちろん、人間の生物としての性別は染色体が決める。でも社会的（心理的）な性別、つまり「**ジェンダー**」ってのは、人間が後天的に他者から受け取る属性なんだ。その起源たるや、言葉以上に古い。気がつけばどうしようもないほど、しっかりと植え込まれているのがジェンダーだ。そう簡単にコントロールできるようなものじゃない。だからこそ「性は幻想である」という相対化は、あまり意味がないし、無理に反抗してみてもしかたないんだね。まあ要するに、ここで僕が言いたいのは、ヘテロなセクシュアリティが唯一絶対の「健全さ」のめやすとは限らないってことだ。

いや、それにしても、フェティシズムは奥が深いよ。「～フェチ」という言い方、よく耳にするけど、いったんこの世界を覗き込むと、めまいがするほど多彩な欲望のサンプルを見ることができる。もちろん僕も門外漢だけど、今はネットを探れば、こういう情報は簡単に手にはいるからね。

フェティシズムの対象といえば、いにしえからの定番は女性の下着とか、靴なんかが思い浮かぶだろう。ちょっと詳しい人なら、「**ラバーフェチ**」や「**ウェット&メッシ**

ー」なんて世界もご存じかもしれない。蛇足ながら解説すると、ラバーフェチとは、ウェットスーツなどのゴム製のスーツを、ときには顔まで覆い隠すほどぴったりと着用して、いろいろと楽しいことをするのが大好きな人たちのこと。ウェット&メッシーってのは、女性が衣服を着たままで、びっしょりと水や泥に濡れたり、食べ物などで汚れる様子を見るのが好きだという人のことだ。「イヤ！　変態！」と思った？　でも、そういう人が世界中にたくさんいるのは事実なんだから、しかたないよ。現実を直視しよう。

このへんはまだ、本当のマニアの皆さんからみれば、初歩中の初歩ということになるだろう。こういう話はとっても面白いんで、いくらでもしたいところだけど、ここはヘンタイ学講座じゃないから、あとは簡単に済ませとこう。以下、僕が個人的に興味深いと感じたフェチをいくつか列挙してみる。そこで女性の方にはお願い。フェチの多くは、女性をモノとしてあつかうところから快感を得るものです。それゆえ、女性の立場からは不愉快としか思えないフェチも登場するでしょうが、ここはひとつ大人になって、笑ってみのがしてください。こういう人たちはおおむね優しくて、もちろん合意に基づいて、世間の片隅でひっそりと趣味を追求しているだけなんですから。

たとえば「風船フェチ」の人は、女性が巨大な風船と戯れるさまを眺めて楽しむ。「石化フェチ」は、映画やドラマで女性が石にされたり氷に閉じこめられたりして身動きがとれなくなるシーンが大好きだ。「小人フェチ」は、手のひらに乗るくらいの小さい女性じゃないと興奮できない。逆に「巨人フェチ」というのもある。これは巨大化した女性がビルを破壊するシーンなどをコラージュ画像で作成して鑑賞しあうらしい。このほか、いろんな映画の中の「女性が溶解するシーン」だけをピックアップして楽しむ人もいる。

こういう話を聞かされると「バカだなあ……」と苦笑するのが一般的な反応だろう。でも、当事者たちは真剣なのだ。理解されないことなど百も承知で、同好の仲間をつのり、工夫を凝らして愛好の輪を広げようとする。「好きなものは好きなんだからしかたない」という言葉は、彼らにこそ似つかわしいね。ある意味、いちばん純粋に欲望を実践している人たちと言えるかもしれない。ヘテロな性愛は「恋愛」という虚構にすっかり汚染されちゃってるし、ほかにも打算やら経済やらの不純物がたくさん入り込んでいて、とても純粋なものとは言えなくなってしまったからね。

それにしても、この多様性たるや、何ともすごいとしか言いようがない。**フェティッシュ**は文明とともに、どんどん複雑・多様化してきたし、これからもその傾向は加速していくだろう。あるいはフェティシズムこそが、文明進化の鍵を握っていると考えることも可能かもしれない。もっと言えば、この多様なフェティシズムのありようこそが、精神分析の正当性を支持してくれる、強力な根拠のひとつなんだ。少なくとも、この嗜好の多彩さを遺伝子などで、目的論的に説明することはできないね。また同じように、脳内物質や認知科学と結びつけることにも無理があるだろう。だって、考えてごらん。遺伝学は「遺伝子フェチ」の存在を説明できないし、精神薬理学は「脳内物質フェチ」の存在を説明できない。しようとすれば「説明の説明」という無限循環に陥ってしまうだろう。ということで、この問題は「精神分析フェチ」の存在を説明できる精神分析でしか解明できないことになる。

ほんらいフェティシズムという言葉は、一八世紀の原始宗教に関する研究から広がったものだ。フェティッシュとは「未開人」があがめる「神の宿った呪物」を指している。一九世紀になると、今度はマルクスがこの言葉を用いた。資本主義社会においては、あらゆる物が、交換可能な使用価値を帯びる。そのような状況下でこそ、ただの紙切れにすぎない紙幣にも、何か一定の価値が備わっているかのような錯覚が生まれてくる。この感覚が「フェティシズム」なのだ。そう、前回のレクチャーをちゃんと読んだ人は、ここでフェティッシュと対象aのつながりにぴんと来たんじゃないかな。

そして一九世紀末、精神科医**フォン・クラフト－エビング**が、この言葉を性倒錯のひとつとして使用した。つまり、ある特別な対象を使わないと性的に興奮できないという倒錯を「フェティシズム」と呼んだわけだね。フロイトは、この言葉をそのまま採用している。

ひとはなぜ、フェティシストになるのか。フロイトはこう考えた。それは**去勢**に対するおそれからだ、と。**去勢不安**のことは、もう何度もふれてきたから、くわしい説明の必要はないね。つまり、一つは、自分のペニスが切り取られてしまうんじゃないかという恐怖。そして、ほとんど同じくらいの大きな意味を持つのが、母親にはペニスがないことを発見する恐怖だ。繰り返し説明してきたように、この段階を卒業しないと、人間は人間になれない。少なくともラカンはそう考えた。しかし、そうはいっても去勢は怖い。できればなかったことにしたい。で、本当に「なかったことにする」態度を、フロイトは「**否認**」と呼んだ。そして、フェティシズムはこの「否認」から生まれると考えたんだ。

否認というのは、あることがらを本当のところは認めつつも、表向きは否定してみせること。母親にペニスがないなんて恐ろしい光景、できれば見なかったことにしたい。だから子どもは、母親が下着を脱いで下半身があらわになった瞬間の光景じゃなくて、その一瞬前のシーンのほうにこだわる。つまり、母親がまだ下着をつけている情景にこだわるわけだ。そして、こういうこだわりを持ったまま大人になると、その人は「**下着フェチ**」になる。こういう説明が正しいかどうか、本当のところは僕にはわからない。さすがに少しばかり、理に落ちすぎているという印象はある。まあ、こういうのが精神分析的な発想の典型だから、いちおう紹介はしておこう。

ここでのポイントは、否認があくまでも「イメージ」の否認でしかないということ。つまりここで「母親にはペニスがない」という事実は、象徴的には受け入れられている。にもかかわらず、「ペニスのない母親」という画像的なイメージは受け入れられない、ということだ。だからここには「**分裂**」がある。一方では「去勢」されたことを受け入れながらも、一方ではそれを否認したいという、無意識的な「分裂」。この分裂こそが、いろんな性倒錯の原因であるとフロイトは考えたのだ。

さて、フェティシズムに話を戻そう。さっきの考え方を一歩進めて考えるなら、母親にはペニスがあるかもしれないと思わせてくれるイメージがフェティッシュになりやすい、というふうに考えることもできる。だから、母親のペニスの身代わりになりそうなものは、すべてフェティッシュの価値を帯びることになるわけだ。

ここですぐに思い出されるのが、「**おたく**」の存在だ。僕はかつて『戦闘美少女の精神分析』（ちくま文庫）という本を書いたことがある。これは、おたくたちのフェティシズムをどう解釈するか、というテーマを扱った本でもあった。その内容はかなり複雑にして高度きわまりないので、ここでは省略する。でも、このフェティシズム論を応用すれば、問題解決は実に容易だ。つまり、おたくの人たちが大好きな戦闘美少女（「セーラームーン」とか「カードキャプターさくら」とかね）は、ペニス（戦闘能力）を持った母親の身代わりなんだ。もっとも、おたくは実生活ではごく当たり前のヘテロな性生活を送っていることが多い。なぜ虚構の中だけでそうしたキャラクターを愛好するのかについては、ぜひ僕の本を読んでみてほしいな。

話をおたくにまで広げると、フェティシズムの範囲もぐっと広がる。たとえば、さまざまなマニアも一種のフェティシストということになる。クルマ好き、バイク好き、オーディオ好きなどもフェティシストと考えることができる。ここで気づいた人もいると思うけど、こういう分野って、基本的に男の世界だよね。おたく（**「腐女子」**（→Lecture 14 参照）は除くとして）やマニア業界は、圧倒的に男性が多い。精神分析も、フェティシズムを含む倒錯傾向は、基本的に男に起こることだとしている。なぜだろう。これもやはり「去勢」と「分裂」に関係がありそうだ。

男性は去勢された事実を受け入れつつも、それを本心では認めたくないという**「分裂」**を抱えている。つまり、母親にはペニスがないことは知っているけど、でも諦めきれない。それを認めてしまったら、自分のペニスも取られてしまうという**「去勢不安」**から逃れられないからだ。諦めきれなかった男はフェティシストになってしまい、フェティッシュという、母のペニスの代用品を求めつづける。しかし、女性の場合は、いささか事情が異なってくるんだね。女の子は、自分にも母親にもペニスがないことを発見しても、男の子のようにショックを受けたり、それを否認したりしない。むしろこの「事実」をあっさりと受け入れ、**「ペニス羨望」**を持つようになる。そして母親を軽蔑し、父親に愛情を向けはじめる。つまり、母親にペニスがないとしても、それが直接、不安につながったりしないんだ。ということは、男性のような「分裂」も生じにくいということになる。女性にフェティシストをはじめとする倒錯者が少ない事実を、精神分析はこんなふうに説明している。

もちろん女性でも宝石などの装飾品好き、ブランド品好きの人は多いよね。でもこれは、男性のフェティシズムとはちょっと異なる。簡単に言えば、男性は多くの場合、フェティッシュの背後にある「機能」を重視する。潜在的な機能性は、否認された母親のペニスと同じものだ。いっぽう女性は、ブランドや宝石の背後に「関係性」をみる。だから、マニアは部屋に閉じこもってコレクションを眺めるだけでも満足できるけど、ブランド好きな女性は、ブランド品を購入する瞬間と他人に披露する瞬間にこそ、喜びを感ずるのだ。それはマニアの「所有の喜び」とは、ちょっと違ったものだろうね。

ところで、今回かなり重要な役割をになっている「**去勢の否認**」は、ほかにもいろんな性倒錯の原因とみなされる傾向がある。たとえば男性の**ホモセクシュアル**。これも母親の去勢を否認することが原因になると言われている。じゃあなぜ、おなじ否認なのに、ある人はフェティシストになり、ある人はホモセクシュアルになるのか。もちろんフロイトは、このあたりもちゃんと考えている。つまり「否認のやり方」が違うというのだ。母親にペニスがないことを、「ペニスの身代わり」で埋め合わせしようとするのがフェティシスト。で、自分自身が母親のペニスそのものになりきろうとすれば、その人はホモセクシュアルになるのだという。

なぜかって？　つまり、母親のペニスになろうとすることは、母親と同一化を試みるってことだ。そして母親に同一化すると、母親の立場に立って、母親と同じものを愛そうとするだろう。じゃあ母親が何を愛しているかと言えば、息子である自分自身だったりする。だから結果的に、この男性は、自分自身によく似た対象、つまり同性を愛するようになる、というわけだ。うーん、やっぱり理が勝ちすぎている感じはあるけれど、こういう途方もない説明を徹底して考え抜くから、フロイトって天才なんだよねえ。

ただ、精神分析が万能なわけではもちろんなくて、たとえば**「ロリコン」**、つまり**ペドファイル**（小児愛）の問題なんかは、あまりきちんと説明できないみたいだ。だいたい同性愛と同じような解釈になってしまうから。つまり、母親の愛の対象である「子どもの自分」と似た対象を愛そうとする、というね。でもこれだと、少年愛までは説明できても、幼女を愛する男性については、うまく説明できないね。僕は小児愛というのは、もちろんいろんなタイプがあるだろうけれど、基本的にはフェティシズムの一つだと思っている。ただ、なぜ人がロリコンになるのかについては、うまく説明できない。それはほかのフェティッシュについても同じことだ。おそらくそこには、幼児期の記憶のみならず、「学習」も関係しているだろう。

じゃあ「**マザコン**」はどうかって？　それはご心配なく。ここまで読んでくれた人はおわかりの通り、精神分析は基本的に「すべての男性はマザコンである」という視点から人間を理解する。だって、エディプス・コンプレックスなんかマザコンの典型でしょ。だから問題は、誰もがマザコンから出発するにしても、その後にどういう成熟を遂げるか、ということになってくる。ところで、もう古い話題になるけど、かつての「冬彦さんブーム」からもわかるとおり、マザコンは良い印象を持たれていない。女性でマザコン男をよく言う人なんか、一人もいないだろうね。これにはいろんな理由が考えられるけど、あえて精神分析的に説明するなら、まさにマザコンこそが、あらゆる性倒錯の基本にあるからじゃないのかな。実はさっきの「ロリコン」にしても、マザコンと表裏一体みたいなところがあるしね。

なんかこの章、フロイトばっかりでラカン出てこないじゃん、って思った？　ごめん。でも、倒錯についての理論的基礎固めは、フロイトがほとんどしちゃったんだからしかたない。ラカンはむしろ、フェティッシュのヴェール（覆い）としての作用に注目している。なぜひとは、あるものをじかに目の当たりにするよりも、覆われた状態のほうをリアルに感じるのか。「なぜ覆いは人間にとって、現実よりも価値があるのか？」そう、フェティッシュというのは、とてもリアルな「現実の覆い」なんだよね。この問題もかなり面白いから、次の章でまた論ずることにしよう。

Lecture 12　欲望はヴェールの彼方に

前の章はちょっとヘンタイ話ばかりで引いちゃった人もいたかもしれないね。でも正直な話、僕自身は凡庸なるヘテロセクシャルだけど、フェチの話は大好きだ。これ、僕のオタク好きとなにか関係があるのかもしれない。つまりね、僕自身は特定のフェチに関心はないけれど、「なにかを欲望する人」のことは好きなんだ。こういうの、なんて言うんだろうね。「他人の欲望フェチ」とでも？　でも、「なにかが好きな人が好き」というのは、結構みんなそうなんじゃないかな。猫はあんまり好きじゃないけど、猫好きの女の子は好き、とかね。僕自身も、熱心なアニメファンとはとても言えないけど、でもアニメが好きな人たち、つまり「おたく」や「腐女子」のことは好きだもの。

ちょっと唐突だけど、むかし**青山二郎**という人がいた。知る人ぞ知る達人で、しかしなんの達人かと言われても判然としない。ただ陶器の天才的な目利きで、装釘家にして文筆家でもあった。そんな紹介よりも、あの**小林秀雄**が「あいつだけは天才だ」と認め、しかもその小林をとっちめて泣かせたことがある唯一の人間と言えば、その凄さが伝わるだろう。この人の周りには、「青山学院」と言われるほど、錚々たる昭和文壇の名士たちが集ったという。しかし、彼らが青山のどこに惹かれたのか。それは「骨董鑑定眼」とか「人間的魅力」とか言ってしまえば、簡単に説明がついてしまう。でも僕には、青山の最大の魅力が、彼の骨董、とりわけ陶器に対する愛情が、言い換えるなら美に対するあくなき欲望が、彼の最大の魅力だったんじゃないかと考えている。

小林秀雄だって、まず青山のそうした欲望に惹かれて、その欲望に惚れ込んだ結果として骨董に手を出すようになったんじゃないだろうか。小林と青山は一時期仲違いするんだけど、それからも小林は、青山が所有していた陶器を手放したと聞くや、すぐその店に駆けつけてそれを買ってしまったらしい。なんかちょっと、あさましい感じもするけど、むしろほほえましいと見るべきだろうね。小林は青山の鑑定眼を信じて「お宝」を買ったわけじゃないだろう。「あの青山が求めたもの」という点にだけ、価値があったんじゃないだろうか。

前に、「欲望は他者の欲望」って話をしたよね。そのとき、欲望がどんなに間接的なものか、っていう話を十分にしたと思うけど、またこの話をするのは、欲望に対する**ヴェール**の効果をはっきりさせておくためだ。そう、前の章で紹介した、ラカンがフェティシズムについて言った言葉、「なぜ**覆い**は人間にとって、現実よりも価値があるのか?」ということについての話だ。ただしこれは、フェティシズムだけに限らない。エロティシズム一般に、こういう間接性の問題は、かなり深く関係してくる。

男性雑誌なんかでときどき話題になるのが、「ヌードの女性と、裸にエプロンだけつけた女性と、靴下だけの女性とでは、どの写真に一番興奮するか」といった記事。まあ落としどころは最初からわかっていて、つまるところ「和服に割烹着姿が」「いやなんといっても喪服が」などという「通」の意見交換で締められるというパターンが予測できるわけだね。これ、ややこしく言い換えるなら、「性的に成熟度の高い男性ほど、控えめな露出に興奮する」という主張が背景にあるわけだけど、記事としての質はともかく、ここには一定の真実がある。

そもそもエロティシズムの本質がチラリズムであるということは、古代エジプトのロゼッタストーンにも記載があるほどで（ウソ）、いわゆる「パンチラ」なんてのは、その代表格だろうね。これについては、あの『美人論』などで知られる**井上章一**さんが最近出した面白い本がある。そのタイトルが『パンツが見える。』（朝日新聞社）。なんか身も蓋もないタイトルだって？　いやいや、井上さんは確信犯だ。チラリズムについて書かれた本に、こういうベタなタイトルをつけることの逆説的効果を知り尽くしているに違いない。それはともかく、内容的にもビジュアル的にもなかなか面白い本で、お勧めだ。

チラリズムに関する部分だけ、かいつまんで紹介してみよう。井上さんが注目するのは、例の白木屋の火事。白木屋といっても、あのアフロの会長が経営している居酒屋チエーンじゃないよ。日本橋にあった白木屋百貨店（現東急百貨店）のこと。一九三二年（昭和七年）にここで大火事があった。これが昭和に入って初めての高層建築物の火災で、八階建てのビルの四階以上が焼け、火災による死者が一人、墜落による死者が一三人、傷者が六七人という大惨事だった。問題はこの「墜落死」ね。命綱を伝って下りていく女性店員たちが、着物の裾がまくれて、火事見物に集まった野次馬に陰部を見られるのが恥ずかしいと、手で裾を押さえたために墜落したというんだ。その教訓から、女たちもパンツを穿くようになったという、有名な「白木屋ズロース伝説」がある。

井上さんは、この伝説を否定する。井上さんの調査によれば、戦前の日本では、和服がめくれて陰部が露出してしまうことは珍しくなかった。また女性たちも、現代人が心配するほどには、それを恥ずかしがっていなかった。ましてパンツを穿くようになってからは、それは一種の貞操帯のような意味を帯びこそすれ、見られて恥ずかしいものではなかったというのだ。それが恥ずかしいことに変わったひとつのきっかけは、一九五五年に公開されたマリリン・モンロー主演の映画**『七年目の浮気』**にあったのではないかと井上さんは推測する。例の、地下鉄の排気口から吹き上がる突風でモンローのスカートがめくれあがるという、あまりにも有名なシーン。映画の影響というよりは、これが当時の羞恥感覚を象徴するようにはたらいたわけだね。かくしてパンチラを恥じる傾向は一九五〇年代後半にはじまり、一九六〇年代にはいっそうひろく普及して、ミニスカートの流行期にはしっかりと定着する。女たちは「スカートの下の劇場」（上野千鶴子）に刺激的なパンティを深く秘めるようになり、これとともに潜在していた男たちのパンチラへの欲望もめざめたってわけだ（関係ないけど、最近「パンティ」ってあんまり聞かないよね）。

ここで重要なことは、新たな羞恥心の誕生とともに新しい欲望が発見されたことだ。隠されていない時代には、さほど価値がおかれていなかったものが、恥じらいとともに隠されるようになってからは、逮捕されてでも覗いたり盗撮したりしてみたいほどの欲望の対象になったということ。ちなみに「見られたくないならミニスカートなんか穿くな」というのは、無粋とかなんとか以前に、人間について何もわかっていない人の言いぐさだ。見られたくないからこそ、スカートを穿くんじゃないか。え？　わかんないって？　でも説明はしないよ。ただ「誘惑するほうが悪い」ってのは、レイプ犯の言い訳とほとんど一緒だぞ。

ここには明らかに「覆い」「欲望」「リアリティ」に絡むテーマがひそんでいる。秘密にされれば知りたくなる。見ることが禁じられると、いっそう見てみたくなる。「開かずの間」のドアは開けてみたくなる。これはほとんどの人間に、普遍的にある心の動きだろうね。話を広げるなら、これは欲望だけに限った話じゃない。いわゆる「抑制の美学」ってのは、だいたいにおいて「覆いの美学」だ。こういう美学については、僕たち日本人の独擅場《どくせんじょう》だったわけだ。控えめであるほどリアルであるということ。これは、とても重要なことなんだ。

エロだけの問題じゃないよ。ホラーや怪談だってそうだ。幽霊は間接的にあらわれるほど恐ろしい。僕は前に**中田秀夫**監督の『**女優霊**』っていう、とても怖い映画を見たことがあるんだけど、この映画の中でも一番怖いのは、幽霊がモニターの中に、突然出現するシーンだった。後半の、幽霊が直接人を襲うシーンって、実はあんまり怖くない。こういうホラーな演出については、ハリウッドよりも邦画に一日の長があるわけで、それはひとえに日本の表現が、こうした「抑制の技術」において優れているからに他ならない。怪談だってそうだよね。

僕がこれまで読んだ怪談で、トップクラスに怖かったのは、**上田秋成**『**雨月物語**』の中の一編「**吉備津の釜**」という話。だいたいこの『雨月物語』自体が、ホモセクシュアルやペドファイルやネクロフィリアといった倒錯的な要素がからむ傑作怪談揃いで、精神分析的にも興味深いんだけど、「吉備津の釜」はその中でもとりわけ怖い。あらすじを全部紹介する余裕はないから、クライマックスのラストシーンだけを紹介しておこう。これから読もうって人は、ネタバレだから気をつけてね。ちなみに原文はここにある(http://etext.lib.virginia.edu/japanese/ueda/ugetsu/UedUget.html)。

浮気相手と出奔した正太郎は、彼を怨みつつ死んだ亡妻・磯良の死霊に愛人を殺され、みずからも殺されそうになる。彼は陰陽師の勧めで、四二日間（磯良が死んで四九日目まで）、家のあちこちに護符を貼り、閉じこもることになった。磯良の死霊は、毎夜家の周囲を徘徊し、恐ろしい叫び声をあげながらも、護符のせいで家に入ることができない。正太郎はおびえながらも、なんとか四二日目の夜を迎える。やがてあたりが白々と明るくなり、夜が明けたと思った正太郎は、喜んで隣家の親戚に声を掛け、外へ出た。その途端に、あたりに響く正太郎の悲鳴。おどろいた親戚のものが外へ出てみると、夜明けどころか、まだ寒々とした中天の月明かり。ともし火を掲げてあたりを見渡すと、正太郎の死体も何もなく、ただ開けた戸のわきにべっとりと血のりが付いていて、まだ滴り落ちている。ふと軒先に目をやると、ちぎれた男の髻《もとどり》が引っ掛かっていた……。

あらすじだけの怪談はつまらないものだけど、怖い感じはわかってもらえたかな？このお話の中には、磯良がどんな格好をしていて、どんな形相で正太郎に襲いかかったかとか、ぜんぜん書かれていない。夜中なのに明るくなるのも、死霊がなんらかの方法で家をライトアップしたのか、火の玉でも使ったのか、さっぱりわからない。外に出た正太郎がどんなことになったのか、これもわからない。きわめつけは最後の、軒先に引っ掛かった髪の毛。死体や生首とかじゃなくて、髪の毛だけというのが実に効いているね。「そのものずばり」ではなく、その周辺や痕跡だけを描くのは、こんなに有効なんだ。

そこに想像の余地があるから怖いのか？　いや、違うと思うね。むしろ想像の余地なんかないくらい怖い。これがハリウッドあたりの映画監督なら、この磯良襲撃シーンをCGかSFXを使って具体的に描きかねないなあ。でも、もし死霊の姿が見えてしまったら、この恐怖やリアリティも半減してしまうだろうね。想像の余地なんかがあるから、そういうことになるんだ。幽霊はよく見えないほど怖いので、これも「覆い」のリアリティ。ひょっとすると例の「足がない」ってのも、覆いの効果かもしれないね。

僕たちが本質的に精神分析的な存在であると言わざるを得ないのは、こういうことがあるからだ。もし僕たちが刺激に対して動物的な欲望を持つだけの存在であるとすれば、欲望と刺激の関係はとても単純なものになるだろう。そして、刺激は強いほど、むき出しであるほど欲望を満たしてくれるということになるだろう。抑制された表現の方がリアルであると感ずることができるのは、僕たちの感性がとことん精神分析的な素材でできているからにほかならない。どういうことか。むき出しの全体よりは、その断片、あるいはそれを連想させる刺激の方を、ときにリアルに感ずるということ。それはつまり、僕たちの感覚が徹底して「**隠喩**」的なものに反応しやすいという事実を意味しているわけなんだ。

ちょっと余談めくけど、隠喩を通じて人間を理解しようという考え方は、基本的に**解釈学**に近い。でも、ある点で、精神分析は解釈学とはまったく違うものになる。この話をすると長くなってしまうんだが、人間が人間を、あるいは人間の作り出したものを「解釈」するときには、そこに「**解釈学的循環**」がおこるとされる。どういうことかって？

つまり、なにかを理解するには、まずそれに先だって、理解の文脈というか、枠組みを押さえておかなくちゃいけない。これは先入観と言ってもいい。理解が進むにつれて、当然ながら先入観は修正される。ところが修正された先入観は、完全かというとそうじゃない。前よりはちょっとマシというくらいのものだ。しかし理解を先に進めるには、この新たな先入観をもって臨むしかない。こうやって、先入観→理解→先入観→理解……という具合に「**解釈**」が進行することを「解釈学的循環」と呼ぶ。

じゃあ人間は何をもって人間を理解するか？　多くの場合、その唯一の基準が「自分」だ。自分のものの見方、自分の考え方を基準にして、誰でも他人に共感したり、理解したりしようとする。これは大きく見れば、現象学にも通ずる態度なんだ。そして、精神分析は、この点で解釈学とたもとを分かつんだね。「**共感**」や「理解」っていうのは、基本的に想像的な営みだ。これで病気がすべてわかったら、苦労はしない。でも多くの場合、病気の症状は共感を越えたところで起こる。いや、ことは病気に限らない。フェチや特殊な欲望についても、どうしても共感的理解には限界がある。

こんなときは、共感のしくみから疑ってみようというのが、ラカンの基本姿勢だ。共感というのは想像的なもので、それはつまるところ、**自己イメージ**から出発している。「ああ、わかる、わかる」っていうのは、そういう感覚でしょう。しかし「自己」って、そんなに根拠がハッキリしたものだっけ？　これがラカンの突きつけた問いだ。自己について考えたり、自分探しに熱中してみたりしたところで、誰も答えをみつけた者はいない。むしろほとんどの場合、その無根拠さに気づいて唖然とするはずだ。そう、ここにもまた、解釈学的循環の罠がある。だから「自己」イメージに基づく「共感」なんて、あんまりあてにならないんだ。それは他人の中に自分自身のイメージを発見するだけの、ナルシシックな営みなんだから。

じゃあ、どうするのか。ここでラカンが注目するのが、すでに述べてきた言葉、つまりシニフィアンの効果だ。言葉は大いなる他者であるから、これに基づいた解釈は、少なくともナルシシズムの影響は受けにくい。そう、精神分析というのは、分析家が患者を自己流で勝手に分析したり、お手軽に自己投影をしようという試みじゃない。分析家に対する**教育分析**や、**転移→解釈→徹底操作**といった過程を導入することで、こうした悪しき「解釈学的循環」を防ぎ、真に治療的な解釈をもたらすためのテクニックなんだ。

そこで解釈されるべき「覆い」こそが、「症状」だってこと。そう、ここまでくれば、どうして「ヒステリー」が精神分析の起源となったのか、その理解まであと一歩だ。

Lecture 13　ヒステリーはなにを問うか

前の章は「覆い」が持つリアリティの話だったね。なぜ人間は対象が覆われているときほど、そこに「なにかがある」感じ、つまりリアリティを感ずるのか。そういう話だ。これはとても重要な問題で、考えようによっては人間がおこなう、ありとあらゆる**表現行為**は、すべて「リアルな覆い」「リアルなみかけ」を作り出すことが目的と言っても過言ではないかもしれない。たとえば現代アートの世界は、ひどくコンセプチュアルで抽象的な世界になってしまっているけど、けっして「覆いのリアリティ」からは自由になり切れていない。いうまでもないことだけれど「いかなる表現も意図しない」という身振りが、すでにして立派な「覆い」になってしまうんだからね、アートという文脈の中では。

で、唐突なようだけど、今回は「**ヒステリー**」について取り上げてみようと思う。なぜかって? まさにヒステリーこそが、「覆いのリアリティ」を語る上で、うってつけの対象だからさ。言いかえるなら、「みかけ」と「本質」の関係性を知るうえで、ヒステリーは絶対にはずせないテーマのひとつなんだ。

ヒステリーという言葉から、なんか女の人がキーッとなってるイメージを連想する人は多いと思う。「ヒステリック」なんて言葉もあることだし。でも、それはヒステリーのある特殊な側面を、かなりマンガ的にデフォルメしただけのものだ。そうした表象がポピュラーになっていく過程にも、「ヒステリー問題」の本質があらわれているんだけど、こちらはむしろフェミニズムの議論になっちゃうかもしれないね。本当はこのテーマで一冊本が書けるくらいの問題なので、今回はできるだけ脱線せずに、あまり臨床から離れないようにして語ってみようと思う。

ヒステリーは、その症状が実に多彩なことでも知られている。あまりにも多彩で、「これこそがヒステリー」と呼べるような、典型的症状はない。でも、いちばんよく知られているのは、やはり身体にあらわれるものだろうね。これがまた、実にさまざまなものがある。ざっと挙げるなら、ヒステリー球、卵巣痛、オピストトーヌス、感覚脱失、視野狭窄、ヒステリー性盲・聾、失声、いろんな麻痺、失立・失歩、けいれん、局限性疼痛、などといったところ。ちなみに**ヒステリー球**っていうのは、のどにボールのようなものが詰まっているような感覚のこと。**オピストトーヌス**っていうのは、「**後弓反張**」ともいわれるけど、全身が弓なりにそっくりかえって硬直した状態を指している。もっとも、こういう派手な症状は、最近はほとんどみかけない。じゃあ最近はどんなか、という話はもうちょっと後でしよう。

ヒステリーという病気は、かなり古くから知られていた。たとえばギリシャ時代、かのヒポクラテスの時代からね。なんでもプラトンにもその言及があったということだ。当時は子宮（ギリシャ語でhysteron）が移動することがこの病気の原因、みたいに考えられていた。つまり女性の病気ってことだね。ちなみに中国の古い文献にも、同じような記載があるらしい。さっきも話したように、ずいぶん派手な身体症状が出るものだから、「魔女狩り」が激しくなったルネッサンス期には、魔女とみなされて処刑されたヒステリー女性が多かったという。

こういう発想は西洋ばかりじゃなくて、じつは漢方医学にも似たような考え方はある。そう、いわゆる「**血の道**」ってやつだ。ここには女性特有の更年期障害や、月経困難などに加えて、精神のいろんな不調も含まれている。漢方で「ヒステリー球」にあたるのは「梅核気」、つまり、梅のタネがのどに詰まったような感じとして知られている。なんでもストレスが原因で「気」が停滞するから起こると考えられているらしい。それと、昔からある「**憑《つ》きもの**」なんていうのも、いまならヒステリーに分類されるだろうね。いまはめったにみかけないけど、明治期くらいまでの日本では「犬神憑き」「狐憑き」など、いろんな憑依現象がよく知られていた。この関連でいえば、**イタコ**や**巫女**だって、その憑かれやすさを職業にした人たちとも言えなくもないから、不謹慎を承知で言えば、彼女たちは「プロのヒステリー」ってことになる。こちらも女性が多いのは周知の通り。

洋の東西を問わず、こうした問題が、主に女性を中心にみとめられてきたっていうこと。まずはこのことを覚えておいてほしい。

さて、時代変わって一九世紀のフランス。すでに催眠やメスメリズムなどの視点からヒステリーの治療は行われていたんだけど、正規のアカデミズムがこの問題に注目したのは一九世紀も末のことだった。いまでいえば精神科医と神経内科医を兼任していたような神経学の教授**シャルコー**は、パリのサルペトリエール病院でヒステリー患者の治療を行っていた。シャルコーは神経学の視点からヒステリーを理解しようとしたんだね。ちなみに彼は精神分析の歴史からみると、とっくに過去の人だけど、神経内科的にはいろんな疾患にその名前が冠されている、かなり偉大な医師だ。だからヒステリー研究はその副産物というかオマケみたいなものなんだね、本当は。

シャルコーはヒステリー患者を催眠を使って治療してみせた。その症状が催眠で変化するということは、ヒステリーが身体じゃなくて精神から生じていることを意味している。こうしてシャルコーは、「子宮の病」という古い考え方を一掃したんだね。彼はまた、男性のヒステリー患者がいることから、それが女性特有の疾患であるということも否定した。女性が圧倒的多数であるということには変わりなかったけれど。ちなみに僕が男にもヒステリーがあると初めて知ったのは、なんと漫画『**巨人の星**』、それもよりによって、かの伴宙太のセリフだったように記憶している。たしか「男のヒステリーをヒポコデリーという」というような内容だったけど、これは正確には「**ヒポコンドリー**（心気症）」。いろいろ体の不調を訴えるんだけど、調べても何の異常もないという症状を指す。もちろんこの症状も、男に限ったものじゃないけれど、まあ当たらずといえども遠からずで、いやはや、おそるべし梶原一騎。

閑話休題。シャルコーはサルペトリエール病院で、ヒステリー患者たちを用いて講義をしていた。これが有名な「**火曜講義**」だ。ひどい人権侵害だって？　でも、こういうやりかたは「患者供覧」と言って、医学教育では普通になされてきた講義スタイルなんだよね。僕も大学の精神医学の講義で、患者供覧の授業を受けたことがある。まあ、見ているほうが申し訳ないようなものではあったけれど。それはともかく、シャルコーはこの講義を、一般にも公開していた。つまり医学生じゃなくても、彼の講義を見物することはできたってわけだ。だから、さまざまなヒステリー患者がシャルコー教授の催眠術で発作を起こすさまを見物したのは、パリ社交界の人々でもあったんだ。シャルコーはそんな患者たちを多くの写真にも記録している。

でもね、それはやっぱり一種の「見世物」ではあったんだ。供覧されたり被写体となったりした患者は、けっしてランダムに選ばれたわけじゃない。美人で、いかにもそれらしい「発作」を演ずることができる患者が選ばれたんだ。それも狂女の象徴ともいうべき、ハムレットのオフィーリアの格好かなんかさせられてね。とりわけ有名なのは**オ**

ーギュスティーヌという名の少女で、彼女は発作の演技にかけては群を抜いた「才能」があった。でも、あんまり頻繁に「見世物」にされたせいか、治るどころか彼女の症状はどんどん悪化した（当然だ）。しばしば反抗的になり、ときおり凶暴になって暴れ、窓ガラスを壊したりするようになった。このため厳重に拘束されることが多くなったんだけど、結局彼女は病院から逃げ出してしまう。どうやら男装して逃げ出したらしいんだけど、もし事実だとすれば、なんとも皮肉な話ではあるね。ちなみにオーギュスティーヌに関心がある人には、J・ディディ＝ユベルマン『**アウラ・ヒステリカ**』（リブロポート）をお勧めしておこう。サルペトリエールの患者写真も満載だ。ちょっと、文章は読みづらい本だけどね。……おっと、ずいぶんシャルコーで時間をとってしまった。でもヒステリーを理解するには、その歴史を理解することが欠かせない。だから、もうちょっとの間、辛抱してほしい。

シャルコーのもとには、フランス国内のみならず、国外からもおおぜいの学者が勉強しにやってきた。弟子の中でも筆頭格だったのは**ピエール・ジャネ**。もちろんフロイトも短い期間ながら訪問している。このふたり、いずれ劣らぬ精神分析の創始者だ。ジャネについては本題からはなれるので、あまり詳しくはふれないけど、実はいま、精神科医のあいだでフロイト以上に再評価されているのはジャネのほうなんだよね。このところ急速に増えてきた「多重人格」（解離性同一性障害）のメカニズムを説明するために

「**解離**」という概念がよく使われるんだけど、この概念の創始者がジャネなんだ。

まあ、それはいいとして、フロイトはシャルコーの講義を受けながら、すごく感銘を受けた。そして帰国してから、精神科医の**ブロイアー**と一緒に、ヒステリーの研究をはじめたんだ。この研究はフロイト最初期の重要な著作『**ヒステリー研究**』として発表されるわけだけれど、この本にはヒステリーの病因論としての性的外傷説や、無意識の意識化への**抵抗**、**防衛**、**抑圧**、**感情転移**などといった概念がすでに出揃っている。そう、フロイトはヒステリーの研究によって、「精神分析」を発明した。だからヒステリーの存在は、精神分析にとってはまさに恩人みたいなものなんだね。

フロイトがブロイアーと一緒にとりくんだ患者は「**アンナ・O**」という名前で知られているけど、もちろんこれはプライヴァシーに配慮しての仮名。彼女は一八八〇年から二年間、神経性の咳や麻痺、言葉が話せなくなったり目が見えにくかったりといった症状に苦しみ、ブロイアーの診察を受けた。

あるときアンナ嬢は、ひどくのどが渇いているのに水が飲めなくなった。彼女は催眠をかけられると、その理由を語りはじめた。彼女の嫌っていたイギリス人の侍女が、飼っていた犬にコップから水を飲ませているシーンを目撃して、すごく嫌な感じを持ったというのだ。まあ侍女に悪いからなにも言わなかったらしいけれどね。ところがアンナ嬢は、このことをうちあけた後で、急に水が飲みたいと希望し、大量の水を飲みつつ催眠からさめた。このエピソードから、症状の原因を話すことは、その症状を取り除くこと、つまり治療に役立つということがわかったんだ。もっとも、アンナ嬢がこれで完治したかどうかは疑わしいんだけどね。その後も想像妊娠とか、いろんな症状が起こってるし。

これ以上の詳しいことは省略するけど（もっと知りたい人はぜひフロイトの『ヒステリー研究』を読んでみてほしいな）、彼女は言ってみれば、言葉によって治療を受けたはじめての患者なんだね。アンナ嬢自身がこの治療を「**お話療法**」とか「**煙突掃除**」と命名した。そういう機知と行動力に富んでいた彼女の本名は、ベルタ・パッペンハイムという。彼女はのちに孤児院の院長をつとめたり、フェミニズム活動家としてたくさんの著作をのこした。

さて、それではフロイトが考えたヒステリーのメカニズムとは、どんなものだったのだろうか。

フロイトは多くのヒステリー事例を治療した経験から、それが「**表象**による病気」、つまりイメージによって起こる病気として考えるようになった。つまり、「自我が受け入れがたいある表象」を**抑圧**することが原因であると考えたんだ。じゃあ、「受け入れがたい表象」ってなんだろう。さっきのアンナの例で言えば、嫌いな侍女が犬に水をやっているシーンということになるんだけど、フロイトはそれをさらに一般化して、そういうイメージが幼年期に体験された性的経験から生じてくると考えた。つまり、ヒステリーの患者は、子ども時代に大人から性的に誘惑されたというトラウマを持っている、というのだ。今の言葉でいえば「性的虐待」ってやつだね。このトラウマが、心の中にながく留まっていて、あるときから、まるで異物のように振る舞いはじめるってわけだ。これが「**幼児体験**」の「**トラウマ**」が「**抑圧**」され、のちに「**症状**」に変化するという、よく知られた精神分析の基本的考え方ということになる。

もっとも、フロイトはこの**誘惑理論**を、のちに訂正することになる。つまり、性的虐待が実際にあったとは必ずしも言えなくて、それはしばしば「**幻想**」であり、患者にとっての「**心的現実**」であったりする、というふうに。この変節ぶりはずいぶん批判された。今フロイトの評判が悪いのは、実はここにその原因の一端があったりする。なぜかって？　フロイトは、その衝撃的な理論が上得意である社交界に与える影響に配慮して、わざと真実から目をそらしたと誤解されたのだ。そういう考え方は虐待者の罪を軽くすることになるというわけだ。でも僕は、そういう政治的な背景が仮にあったにせよ、フロイトはよりいっそう精神分析を洗練するために、そうするしかなかったんじゃないかと考えている。ヒステリー患者の訴えるトラウマが、本当にあったかどうかについて判断することは、精神分析家にとって一番に大切なことじゃない。むしろ、それが事実であろうと幻想であろうと、「心的現実」という点では同じことなんだ。この姿勢に留まることが、もっとも誠実な分析的態度だと思うんだけど、どうだろう。

さて、フロイトが考えたヒステリーには、二つのタイプがある。**転換ヒステリー**と**不安ヒステリー**だ。**転換**っていうのは、いろんな心の葛藤が、身体の症状に転換されるから、この名前がある。そう、まさにシャルコーが見世物にしていたタイプの患者たちは、この転換タイプだったわけだ。このとき「転換」っていうのは、葛藤が症状というシンボルのかたちをとって表現される、と考えることもできるだろう。まさにヒステリーらしいヒステリーだね。いっぽうの不安ヒステリーというのは、なにか外の対象に不安が結びつけられるもので、こちらは「**恐怖症**」という形をとりやすい。そう、対人恐怖症や高所恐怖症みたいなものだね。でも、今回ここでいう「ヒステリー」っていうのは、主に転換ヒステリーを指していると考えてほしい。

フロイトによれば、こういう転換症状の苦しみというのは、いわゆるオーガズムと同じものであるという。だから、症状が出ている体の部分は、いうなれば性感帯なのだ。彼はこれをさらに展開して、ヒステリー者は身体をエロス化するけれども、性器的な快楽は麻痺していると考えた。こういう逆転が、ヒステリー患者を好色そうに見せる反面、いざとなると性関係を拒否するような態度にもつながる。セックスアピールを振りまきながらも、自分がセックスすることに対しては激しい嫌悪感を示したりする女性。こういう女性は、たしかにいるよね。たとえ君の身近にはいなくても、映画や小説ではおなじみのタイプだ。フロイトは、こんなふうに性的興奮にたいして嫌悪感を示す女性はすべてヒステリーなのだと、ほとんど決めつけている。つまり、ヒステリー者の欲望は、常にこういう矛盾というか分裂を抱えているわけだ。では、こういった矛盾はなぜ起こるのか。

ここでようやくラカンの登場だ。ラカンもヒステリーをすごく重視していたからね。彼は転換ヒステリーについて、こう考えていた。それは**想像的な解剖学**にしたがって起こる、と。たとえば、体の右半分が麻痺したと訴える患者がいたとする。このとき、もし本当に脳内出血などで麻痺が起こっている場合は、麻痺の部分が首から上と首から下とで左右が逆転しているはずだ。顔の右半分の感覚や運動をつかさどるのは、大脳の右半球だけど、体の右半分を支配するのは左半球だからだ。正確な解剖学ではそうなるけれど、ヒステリーではそうはならない。ヒステリーの場合は、顔も体も同じ側に麻痺が生ずる。これは本当は、解剖学的にはおかしいんだけど、ヒステリー患者のイメージする解剖図にしたがって麻痺が起こっているとラカンは表現したんだ。このことはほかの症状、たとえば「**ヒステリー球**」にも当てはまるね。解剖学的にはなにもない場所に、そういうボールみたいなものが詰まっていると感じるわけだから。さっきもちょっと触れたように、フロイトはヒステリー症状が、有害なイメージを抑圧することによって起こると考えていた。ラカンはこの考えに、ヒステリー症状はイメージを介して表現されるということを付け加えたわけだね。自分を表現するのに、そういうイメージの「覆い」を用いる主体。そう、ここにまず「分裂」の、一つのきっかけがある。

　さらにラカンは、ヒステリーは神経症の一種で、ちょうど**強迫神経症**と対になっている、とも考えた。それというのも、ラカンは神経症を「問いの構造」として説明しようとしていたからだ。つまり、ある形式の問いを発し続ける主体を神経症と呼ぶ、という具合に考えたんだ。そのとき強迫神経症は「自分が存在しているかどうか」、言い換えるなら「自分は生きているのか死んでいるのか」という問いかけをする主体ということになる。ちょっと難しいね。説明しよう。

　強迫神経症の症状って、過度な潔癖症とか、極端な几帳面さとか、何度も繰り返される確認行為なんかが代表的だけど、これは表面上は、ゆきすぎた安全確認行為に見える。もっと言えば、彼の行為は、死の恐怖をなんとかして逃れたいという、死にものぐるいの努力に見える。ところが、ここにパラドックスが生じてくる。たとえば潔癖症がこうじると、手の皮がすりむけても手を洗い続けようとする。あるいは強迫的な確認行為をする人は、その行為に固執するあまり、自分の生活を破壊してしまう。そう、必死で死を免れようとする行為が、なぜか懸命に死を望んでいるように見えるという、皮肉な事態が起こってくるわけだ。でもまあ、ややこしい理屈を並べるよりも、**北野武**の映画『**ソナチネ**』に出てくる主人公の「あんまり死ぬの怖がってると、死にたくなっちゃうんだよ」という言葉をよーく吟味してみれば済むことかもしれない。完璧に不死の存在っていうものがありうるとすれば、それはすでに死んでいる存在だけだ。実は不死と死というのは、同じことなんだよね。

強迫神経症が自分の存在に対する問いかけであることは、これでわかったよね。ではヒステリーは何を問いかけているんだろうか。ラカンは言う。それは性をめぐる問いかけなのだ、と。つまりヒステリー者が問うのは「自分は男なのか女なのか」「女とは何か」という問いかけなのだ。そしてこの問いのかたちは、患者の性別とは関係がない。男だろうと女だろうと、ヒステリーはこのように問い続ける。もっとも、やはりこういう問いかけを懸命にするものは女性に多いんだけどね。これは、さっき説明した強迫神経症が男性に多いことと、ちょうど対になっている。ここはね、実際に臨床やってると思わずうなっちゃうところ。だって、本当にそうなんだもの。この部分、下手をすると「ひきこもり」が男性に多い理由にも応用できそうだなあ。こういう見事な整理は、臨床家ラカンの面目躍如という感じだ。

ところで「性別への問いかけ」を、僕なりに翻案するなら、それは「**関係性**」への問いかけということになる。性、いわゆる「ジェンダー」なるものは、関係性の中にしか存在しないと僕は考える。だからここでは、「存在への問いかけ」と「関係への問いかけ」が対になっていると考えるべきなのだ。さらに極論するなら、あらゆる関係性は性的な関係性じゃないだろうか。僕にはそう思われてしかたがない。そしてヒステリーの存在こそは、いつの時代も社会制度や学問の枠組みを逸脱し、「性」すなわち「関係」を通じて、挑発を続ける存在だった、とも考えられる。

そんなヒステリーのイメージは、実は女性のイメージと深い関係にある。ラカンの、有名かつ評判の悪い箴言《しんげん》に「女性は存在しない」というものがあるけれど、この言葉はまさにヒステリーと重なるところがある。このあたりのことについては、ここで十分に展開しきれなかった「女とは何か」という問いかけと絡めながら、次章でくわしく論ずることにしよう。

Lecture 14　女性は存在しない？

この章であつかうのは、難問中の難問だ。前の章「ヒステリー」からの流れで、この章でのテーマはいよいよ「**女性**」をあつかう。これこそは、人類史上永遠の謎の一つ。こんなむずかしいテーマを、ここで扱いきれるものなのだろうか。もちろん、そんなことは無理だ。じゃあ何で取り上げるかって？　ラカンの「誠実さ」を知ってもらいたいからだ。彼はラカン派哲学者のスラヴォイ・ジジェクみたいに、なんでも早口で調子よく説明してしまおうとはしない。むしろ精神分析があつかいきれない対象には、その限界をきちんと踏まえて、限界がなぜ存在するのか、そちらのほうを指摘しようとする。けっして「精神分析で何でも切れる」と考えていた人じゃないんだ。いちおうそのことは、知っておいてほしいな。

で、彼が精神分析の言葉で語り得ないとしたもの。その一つが「女」だ。

女が〝語り得ない存在〟だって？　ちょっと辞書を引いてみよう。『岩波国語辞典第五版』には、たとえばこんなふうに書いてある。「人間の性別の一つで、子を産みうる身体の構造になっている方。男でない人。女子。女性。婦人。」これはこれで、りっぱな説明だ。だいたい、これで十分じゃないのか？

それが十分じゃないのだ。そもそも精神分析は、男女の性差を身体の違いでは考えない。フェミニズムの言葉で**「ジェンダー」**というものがあるよね。これは、体の性差（こっちは「セックス」だ）とはかかわりなく、人間の社会・文化的な性差を指すときの言葉だ。これをイメージしてもらえば、けっこう近いんじゃないかな。ただ、精神分析は、ジェンダーよりももっと厳密で、抽象的な形での性を問題にする。それも、ちょっと考え過ぎじゃないのってくらい、徹底してやる。これは、「性」の問題が、精神分析とは切っても切れないくらい、深い関係にあるためだ。

そもそもフロイト本人が、この問題にはずいぶんと頭を悩ませていた。あげくに答えを投げ出すようなことを書いたりしている。たとえば「女性が何であるかを記述することは精神分析の仕事ではない」「精神分析の仕事は、どのように、両性具有の傾向を持つ子どもが、ひとりの女性になるのかを研究することである」みたいにね。また「女性は何を欲するのか」という永遠の難問を問いかけたのもフロイトだ。まあ、子どもはみなエディプス期を経て大人になると、そこまではいいとしても、この過程は、男の子と女の子とではまた違ってくる。このことはLecture 7でもふれたよね。

この「謎」は、ラカンになると、もっととんでもないことになる。彼はなんと「女は存在しない」なんて言い切ってしまっている。世のフェミニストからいっせいに反発されそうな言葉だけど、僕が知る限りじゃ、いちおう「わかっている」フェミの人ほど、この言葉には好意的だ。ラカンその人がどうだったかはともかく、この言葉そのものは、女性性の謎に対する、ひとつの誠実な答えだからね。「女は存在しない」という言葉をもっとわかりやすく言い換えるなら、「女性を言葉で明確に定義づけることはできない」というほどの意味になる。じゃあ、そう言えばいいだろうって？

いやまあ、そりゃそうなんだけど、この言葉には、実はほかにも、いろんな意味がたくさん塗り込められている。「言葉で語り尽くせない」というのは、その中でも、いちばんわかりやすい「意味」なんで、それだけがただ一つの説明なわけじゃない。いろんなとらえ方があるからね。

それじゃあ、男は明確に定義づけられるのかって？　うん、もっともな質問だ。で、はっきり言えば、それは可能だ。男とはペニスを持つ存在……と言いたいところだが、ラカンはこれにひとひねり、加えている。そう、男とはファルス、つまり象徴的なペニスを持つ存在のことだとね。性というのは、ラカンによれば、象徴的にしか決定されない。そして、そもそも言葉の世界である象徴界は、ファルス優位のシステムになってる。人間は、去勢されることで、つまりペニスの代わりにファルスを獲得することによって、この象徴界に参入するんだって話は、前にしたよね。だから極論するなら、なにかを語ることを含めて、言葉による活動は、どうしても男性原理的なものが優位になりがちだ。

余談になるけど、よく言われるように、女性に哲学者がいないっていうのも、どうやらこのあたりに関係がありそうな気がする。いや、もちろん「文筆家」や「思想家」はいるけどね、たくさん。でも、哲学者となると、とたんに見あたらなくなる。僕が考えるに、哲学者っていうのは、まずなによりも言葉をいちばん厳密にあつかう人のことだ。厳密、といったって、なにも語源がどうの、文法がどうの、という話じゃない。言い換えるなら、言葉だけで世界を再構築できるかを厳密に問いかける人のことだ。この場合の言葉っていうのは、精神分析の言葉みたいに隠喩的なものじゃなくて、むしろ、きわめて限定された意味を指し示す記号に近いものになるわけだけれど。そういう業界に女性が少なく男性が多いという傾向と、象徴界が男性原理的な領域だってこととは、どこかつながっている感じがする。

だから、そんな象徴界のなかでは、女性は「男性ではない」という否定的なかたちでしか示すことができない。言い換えるなら、女性を積極的に指し示すような言葉、つまりシニフィアンは存在しないんだね。だから僕たちは、女性についてはその特徴をひとつひとつ足し算するみたいに述べることしかできないわけだ。「優しい」、「柔らかい」、「包み込むような」、「菩薩である」、「まるで夜叉だ」とかね。そして、こんなふうに、どんなに多くの女性の性質を数え挙げても、すべてを尽くすことはできない。よって

「女性はすべてではない」ということになる。

ちょっとむずかしく言うなら、象徴界において男性は、ファルスを中心として「男はこれで全部」というような、閉じた集合をつくっている。ところが女性の集合は「これで全部」という具合には閉じていない。したがって「女性一般」なるものは存在しないことになる。これをラカンは「女は存在しない」と表現するわけだ。

だから分析家にとって、女性というのはなんとも神秘的な存在なんだ。いままでみてきたように、男性と女性というのは、いろんな意味で非対称的な存在だ。男性を裏返すと女性になるっていうわけじゃない。とりわけ欲望のあり方は、まるで違った方向を向きあっている。だから、「女性の謎」っていうのは、男性にとってだけの話じゃない。ラカンによれば、女性にとっても、女性は謎の存在なんだね。前の章でふれたヒステリーの問い、「女とは何か」が、男性、女性、どちらのヒステリーにも共通する問いかけだっていう意味は、そういうことでもある。誰にとっても謎の存在だから、そういう強い問いかけの対象になるわけだ。もう一つ補足するなら、ラカンはこうも言っている。「異性愛者とは、男女を問わず、女を愛するもののことである」とね。これについては、あえて解説しない。ここまで読んでくれたひとなら、なんとなくわかるんじゃないかな。

さて、この問題に関連してラカンの言った言葉で、もう一つ有名なものがある。「性関係はない」というのがそれだ。これだってほとんどの人が「そんなバカな」と思うだろうね。「そうであったらどんなに良かったか」とか思っちゃった人は、これはそういう話じゃないから注意するように。

こちらを説明するには、まず**「享楽」**の説明からしないといけない。でも、これがまた、むずかしいんだな。これは端的にいえば、快感とか快楽を越えた、強烈な体験のことを指している。だから単純に快い体験とは言えない。そこには「激しい苦痛」なんかも含まれているからだ。たとえば**「快感原則」**という言葉、知ってるよね。これは人間が、不安や緊張を解放して楽な方に向かおうという傾向、言い換えるなら、不快を避けて快を求める傾向を指している。ところがラカンによれば、快感原則は享楽を抑制するための規則ということになる。つまり、快感を越えた強烈な体験に向かおうとする傾向を、快感のレベルでストップさせてしまおうというわけだ。言ってみれば、麻薬を禁ずるかわりに、お酒で我慢させるようなものかな。もちろん快感原則も、大きく見れば象徴界の掟のひとつだ。ということは、ひとは、象徴界の入り口にある「去勢」の段階を通り抜けたときに、「享楽」を禁じられているわけだね。

そうはいっても、ひとは「享楽」から自由になることができない。それは、神話的な意味における近親相姦的な快楽、つまり究極の快楽を指すと考えることもできる。これは言い換えるなら、人間が言葉によって切り離された「存在そのもの」と、もういちど完全に合体するような、そのくらい強烈な体験だ。もちろんそれは、不可能な次元の経験ではある。だから単純にそれを追い求めることはできない。でも、ひとの欲望は、どうしたって享楽から多大な影響を受けてしまう。そして、この享楽において、もっとも男女差、つまり「男女の非対称性」がはっきりしてくるのだ。

ラカンによれば「享楽」には三種類ある。**「ファルス的享楽」「剰余享楽」「他者の享楽」**だ。それぞれ、「エネルギー」の比喩で簡単に説明しよう。「ファルス的享楽」というのは、無意識的にたくわえられた緊張を、不完全ながら部分的に鎮静化するときに放出されるエネルギーにあたる。このときファルスは、エネルギー放出の水門という役割をになうことになる。まさにこれは「射精」のイメージだね。主に男性の享楽は、こうしたファルス的享楽であるとされる。「剰余享楽」というのは、心のなかに放出されぬまま溜まっているエネルギーにあたる。そして「他者の享楽」。これこそが、究極の享楽だ。すべての緊張が完全に放出されるに至った、理想的な状態を指すのだから（以上はもちろん、ラカン本人の解説じゃない。ごくわかりやすい解釈の一つだ）。

ラカンによれば、性的な享楽は、すべてファルス的享楽ということになる。そしてこれは、さっきも言ったように、男性的な享楽だ。じゃあ、女性的な享楽はというと、そこにはファルス的な享楽という側面もあるけれど、もう一つの側面、つまり「他者の享楽」という要因も大きいのだという。この「他者の享楽」ばかりは、男性原理ではどうしても理解できない領域だ。どういう種類の享楽かは、あとでちょっとふれる。ただ、俗にも女性のオーガズムの方が男性よりも深くて長いなどという話があるけれど、それはこういう享楽のあり方を指すのかもしれないね。ひとついえることは、男性的な享楽はファルス的な享楽というくらいだから、能動的で、そのおよぶ範囲も限られている。でも他者の享楽は、もっと受け身で、深いレベルに届く。そういう違いがあるというべきかな。そしてラカンによれば、女性はそういう享楽を経験はするけれども、それについては何も知らないということになる。

さて、いささか長すぎる回り道をしてしまったね。そもそも「性関係は存在しない」というラカンの言葉を説明しかけたところだった。これについては、簡単に言ってしまえば、さっき説明した「女性が存在しない」ことが、一つの答えだ。存在しないものと関係を持つことはできない。でもこれじゃ、論理学の証明みたいで、今ひとつ釈然としないだろうね。

せっかく「享楽」について説明してきたんだから、その方面から説明してみよう。これまでみてきたように、性のもたらす享楽は、男女でまったく異なっている。もちろん、男も女も性関係を求めるだろう。それはいい。でも、このとき両者は、はたして同じものを求めているんだろうか。実はそうじゃない、というのが精神分析の立場だ。そもそも享楽のありようが、男女で完璧にすれ違ってしまっている。そりゃあ現象的には、女は男を求め、男は女を求めているようにみえる。でも、どれだけ求め合って結ばれたにしても、その結合は、本当の結合ではない。それぞれが抱きしめているのは、ほんとうの相手ではなく、相手に投影された幻想だ。だからこの言葉は、もっとわかりやすく「男と女は、本当の意味で関係を持つことができない」と言い換えてもいい。

そもそもラカンは、人間は性的なレベルにおいてすら、**本能**をなくしてしまった動物と考える。だから性は、完全に象徴的なものでしかない。ヘテロセクシュアル、つまり男女間の異性愛は、別にそれが「正常」で「自然」なわけじゃない。それは、「そういう取り決め」に過ぎないんだね。この考え方はラジカルなようで、むしろ同性愛者やフェティシストなど異性愛向きじゃない人をも、性のもとで平等に考えるという発想につながる。これもラカンの誠実さの一つと言っていいんじゃないだろうか。

なるほど、セックスをすればときには妊娠もする。あげくに「愛の結晶」なんてものが生まれてきたりする。僕たちは、そういう体験にこそ「本物の関係」があると信じたがっている。でも、ひとたび精神分析を受け入れるなら、そもそも**生殖**や繁殖は、性とは何の関係もないことになる。妊娠や出産は、実は象徴界の外で起こる、いわば「現実的」な出来事なんだ。ちょっと受け入れがたく感じるかもしれないね。でも、人間にとって「生殖」が何の関係性も保証してくれないからこそ、いまいろんなところで「**家族**」の屋台骨がゆるみはじめているんじゃないの？　そもそも性関係をひとつの土台として成り立つ「家族」っていうもの自体が、人工的で不自然なものなわけだし。

　そういう発想からすれば、「**愛**」だって、完全に調和的な男女関係が存在しないことを埋め合わせるための幻想に過ぎないことになる。男性にとっての女性は、実はひとりの主体的な人間ではない。男性は女性の一部しか愛することができない。それは「からだ」だったり「こころ」だったりするけれども、要するに、生きた女性の全体ではなくて、その一部を、幻想的なものとして愛するのだ。このとき女性は「対象a」として、男性の欲望の原因となっている。このあたりのことを、ラカンは「女性は男性の『症状』である」なんて言いかたをしているけど、ここまでつきあってくれたひとなら、もう怒りませんね？

　でもね、そうは言っても、ラカンはやっぱり評判悪いのよ、フェミニスト業界では。私事で悪いけど、僕も**上野千鶴子**さんに、対談でずいぶんこのことを責められました。要するに、**ファルス中心主義**（**ファロセントリズム**）ということですね。有名なフェミニストのジュディス・バトラーさんなんかもこの点を批判する。これは事実で、それを認めるにやぶさかではありません。でもね、ラカンをよく読めば、けっして彼が男性のほうがエラいとか優秀だとか考えている訳じゃないことははっきりすると思う。ファルスだって、ペニスそのものじゃないわけだし。それに、**ファリック・マザー**なんて言葉があるように、ファルスを持つ女性だっている。男性なんて、しょせんはファルスにすがるしかない、あわれな存在だという言い方だってできる。これに比べれば女性は、けっして解かれることのない「永遠の謎」だ。女性をおとしめるどころか、むしろ崇高なものとみる視点がなければ、こういう発想は出てきようがない。これでわかってもらえたかなあ。ぜひわかってください。

さて、ずいぶん具体例も出さずに抽象的な話ばかりしてきたけれど、しめくくりに「実例」をみてみよう。

男女の非対称性を示す例として、僕がよく挙げるのが、「**おたく**」と「**腐女子**」の存在だ。解説は不要と思うけど、念のために簡単に説明しておこう。「おたく」というのは、主に成人のアニメファン、ゲームファンを指している。彼らが好きなものを細かく見るなら、ほかにもアイドルとかパソコンとか鉄道とかいろいろあるけれども、そちらはひとまず措くとしよう。アニメやゲーム、つまり本来は子どものための娯楽を、大人になってからも愛好し続けること。さらに言えば、アニメなどに出てくる虚構のキャラクターを性愛の対象にすること。もっと身も蓋もなく言えば、そのキャラクターのイメージで自慰行為ができること、これが僕なりにリサーチした「おたく」のイメージだ（詳しくは『戦闘美少女の精神分析』太田出版）。

こうした「おたく」のイメージは、「腐女子」にも当てはまる。ただし、「おたく」は男に多いから、当然愛好するキャラクターも美少女キャラが多くなる。ところが「腐女子」は、ここから先がまるで異なってくるんだね。彼女たちは、美少年キャラクターを愛する。「おたく」が美少女を愛するのと一緒だって？　いや、問題はここから先だ。「おたく」も「腐女子」も、自分が好きな作品のパロディなどを載せた同人誌を作る。両者の趣味嗜好の違いは、この同人誌を見ればはっきりする。「おたく」の性愛イメージは、もちろん愛する美少女と男性キャラの異性愛であり、主にその男性キャラに同一化して、擬似的な恋愛なり性交なりを楽しむというものだ。しかし「腐女子」は違う。彼女たちの愛好する作品のジャンルは「やおい」と呼ばれるが、「やおい」の性愛イメージは、なぜか美青年、あるいは美少年どうしの、男性同性愛なのだ。

びっくりしただろうか。でも「腐女子」のことは知らない人でも、いわゆる少女漫画のひとつのジャンルに少年愛ものがあることくらいは知っているよね。僕はあんまり詳しくないんだけど、それでも竹宮恵子『風と木の詩』や萩尾望都『トーマの心臓』といった有名どころはさすがに読んだ。やや新しいところでは吉田秋生『ＢＡＮＡＮＡ　ＦＩＳＨ』なんかも、この系列に入るだろう。少女漫画で、なぜこれほど繰り返し、少年愛が描かれるのか。この謎に対して、十分に納得のいく答えを、僕はまだ知らない。

この話は、じっくり展開すると大論文になってしまうので、さわりだけにしておこう。詳しく知りたい人は、僕も執筆者として参加している『網状言論Ｆ改』（青土社）という本を参照してほしい。で、ざっとした説明をするなら、ここにこそ、男女の享楽の非対称性があらわれていると、僕は考えている。これにもいろんな考え方があるけれど、そのひとつは「享楽の主体をどこにおくか」という問題だ。

一般的に、男性は自分の立ち位置をしっかり定めてからでないと、何事も享楽できない。アニメの美少女を愛する場合にしたって、自分の立場を投影できる男性キャラがいて、はじめて安心して享楽することが可能になる。これは別に「おたく」に限った話じゃなくて、男性全般にそういう傾向があるね。楽しむにしても仕事するにしても、まず大切なのは自分の立場。けっこう男性しょくんは思い当たるんじゃないだろうか。

いっぽう、女性については、この点はそれほど決定的じゃない。つまり立場にこだわる女性もいるけれども、そうでもない女性もたくさんいる、ということだ。で、「そうでもない」あり方のきわみが「腐女子」だと僕は考える。どういうことだろうか。

女性一般にそういう傾向があるけれど、とりわけ「腐女子」は、「関係性」を重視する。彼女たちは、虚構作品に出てくるキャラクターどうしの関係性が、次第に性愛的なものに変化していくダイナミズムを楽しんでいるらしい。このとき、もはや彼女たちは、みずからの立ち位置なんか、どうでもよくなってしまっている。むしろ自分の存在を完璧に消し去れるほど、享楽も大きくなるようなのだ。だから、自分の立場を投影する女性キャラの存在なんて、邪魔なだけだ。そんな「日常」っぽい不純物が紛れ込んだら、享楽の純粋さが汚されてしまうから。

「おたく」は作品を分析したり、語りたがったりする傾向があるけれど、「腐女子」には そういう傾向はほとんどない。彼女たちは作品を読み、あるいは作ることを本当に「享楽」しているので、それを語ったり分析したりしたがらない。そういう行為は、やはり享楽の完璧さに傷をつけてしまうのだ。

このようにみていくと、さきほどは説明しきれなかった二種類の「享楽」について、もう少しちゃんと説明できそうだ。男性の享楽、つまり「主体の立場」を定めたうえでの享楽こそが「ファルス的な享楽」なんだ。これに対して、「主体の立場」を完全に抹消してはじめて可能になる享楽こそが「他者の享楽」じゃあないだろうか。もちろんこれは、僕なりの、独自の解釈だ。でも、そんなに大きく外してはいないと思う。

「おたく」や「腐女子」は虚構を愛しているだけだから、参考にならないって？　そりゃ違うよ。性愛がそもそも幻想だって話をしたのは、そういう区別が無意味であることを示すためでもあるんだ。相手が生身の人間だろうと、アニメや漫画のキャラクターであろうと、性愛の構造はまったく同じ。つまり、どちらも幻想の構造を持っているという点ではね。むしろ、生身の恋愛は複雑すぎて、なかなかすっきりと分析できないことが多いんだ。その点、虚構のキャラを相手にした恋愛は、幻想の構造も比較的シンプルに浮き上がってくる。その意味で、精神分析はもっと「おたく」や「腐女子」に注目すべきだと思うんだけどなあ。

さて、なかなか錯綜した話題になったけれど、これで「性」の話は一段落だ。男女がどんなふうに非対称的な存在であるか、性愛がどれほど人工的な幻想であるか、とりあえずこの点だけは押さえておいてほしい。そんなに理詰めで考えたら、恋愛が楽しめなくなるって？　いや、そりゃウソだね。性も愛も、どれだけ理屈を重ねても乗り越えられるものじゃない。性愛は幻想にはちがいないけれど、人間にとっていちばん根源的な幻想なんだ。どれほど理解しても超越できないし、そもそも理解すること自体がむずかしい。だから、むしろこういう理屈を知っていたほうが、性愛もいっそう複雑な陰影を帯びて、より楽しいものになるんじゃないかな。みんなの健闘を祈る。

Lecture 15 「精神病」とはどんな事態か？

前の章でようやく女とヒステリーの問題をすませて、なんとか一息ついたかな、と一瞬だけ思った。ところが、そうも言っていられないことに気づいてしまった。「**精神病**」が残っていたのだ。今まで神経症、性的倒錯、と解説してきて、まだふれずに残っていたのがこの精神病ということになる。なぜこれだけが残っていたのか。簡単に言えば、精神病の問題こそは、ラカンにおける最大の鬼門だからなんだね。

いや、もちろんラカンには、かつて大いなる期待がかけられてはいたんだ。つまり、それまで精神分析が決して接近し得なかった精神病に、ラカンの理論だけはアプローチできるんじゃないか、というね。実際、日本でもある時期まで、そういう期待から、さかんにラカンを援用した精神病論が語られたことがあった。八〇年代から九〇年代、精神医学業界内で、ちょっとした「ラカンバブル」が起こったんだね。いや、けっしてバカにしている訳じゃない。他人事みたいに言ってるけど、そのおかげで当時は医学生だった僕も、ラカンに関心を持つようになったんだからね。この当時、ラカンの『セミネール』がようやく翻訳されたり、ラカンの解説書や入門書が何冊も出版された。いまからみれば、ちょっと異常なほどの盛り上がりにも思えるけど、決してそれは無意味なことじゃなかった。

ちょっと業界内部の事情を知らないひとにはわかりにくいと思うけれど、ここで精神病と呼ばれているのは、かつて**精神分裂病**と呼ばれ、いま**統合失調症**と名前の変わった病気を指しているといっていい。この病気、気がふれたひとをイメージするとしたらみんなが真っ先に思い浮かべるくらい、いわば狂気の代表格みたいな、かなりポピュラーな疾患だ。全世界的に分布していて、だいたい一〇〇人に一人はこの病気を持っているというくらい、ありふれた病気ではあるんだけど、いまだ原因不明。精神科医なら誰もこの病気のことはよく知っているけれど、けっこうみんな、てんでな捉え方をしていて、説明を聞いてもよくわからないかもしれない。体の病気みたいに、検査やなにかで目に見える形にできるような異常は何一つないので、みな自分のイメージで語るしかないんだね。

でも、それだけじゃあんまり無責任だから、ここはひとつ、僕なりのイメージに基づいて簡単に説明しておこう。あ、断っておくけど、この説明は精神医学事典なんかのそれとは、たぶんそんなに一致しないと思う。ただ、僕はこういうイメージを持ってこの病気を治療している、ということをはじめに説明しておきたいんだ。

さて、問題の統合失調症だ。この名前、昔の名前である精神分裂病よりは、ずいぶん病気のイメージに忠実な名前ということができる。なぜかって？　そもそも人間のこころというのは、ひとつのまとまりに統合したがるという、強い傾向を持っているものなんだ。その統合が失調する。するとどうなるか。ひとつのまとまりへの志向が消えた結果、こころは大変な混乱に陥ってしまうんだね。たとえば自分の考えたことや行動が、自分のものであるという感覚が崩れてしまう。そうなると、自分の考えたことが、まるで誰かが喋っている声に聞こえたり（幻聴）、われ知らず独り言を喋っていたりするようになる。自分の行動も、それが自分の意志によるのじゃなくて、誰かに操られているような錯覚にとらわれたりする。あるいはまた、自分というものの境界がわからなくなって、考えたことが外にどんどん漏れてしまうように感じたり、逆に、他人の考えが自分の中に入り込んでくるように感じたりする。

なかでも有名なのは「**自明性の喪失**」だ。これは、二〇〇二年に亡くなったドイツの精神病理学者、**ブランケンブルク**という人が指摘した「症状」だ。まあ、症状と言っていいかどうかは、むずかしいところだけれど。彼によれば、統合失調症では、僕たちが「当たり前」と思っている感覚がなくなるか、衰えてしまう。常識や知識がなくなるわけじゃないんだけど、その根底を支えている、もっとしっかりした土台みたいなものが崩れてしまうんだ。だから知識の問題というよりは、当たり前のことにまで懐疑が生まれてきて、身動きができなくなってしまう状態に近い。ほら、ムカデに「そんなたくさんの足で、どうやって歩けるのか」と尋ねたら、とたんに歩けなくなってしまったという笑い話があるでしょう。考えなければ当たり前にできたことが、考えすぎるとできなくなってしまう。「自明性の喪失」っていうのは、こういう状態に近いと言えるかもしれない。

たとえば統合失調症では、僕らが何気なく処理している日常生活の細かい部分が、ことごとく違和感に満ちた体験になってしまう。ひとに挨拶する場合でも、ただ「こんにちは」と言うべきか、あるいは「先日はどうも」「お久しぶり」「お元気ですか」などと付け加えるべきかどうか、そんなことが大問題になる。

そういえば、きみたちは「**ダブルバインド**」って言葉、知っているよね。これはアメリカの人類学者（という枠には収まりきらない人だけど）、**グレゴリー・ベイトソン**が指摘した、有名な概念だ。たんなる「板挟み」と思っている人はいないかな？　ベイトソンは、統合失調症の患者とその家族のコミュニケーションを観察するなかで、そこにある種のパターンが存在することに気づいたんだ。統合失調症の患者は、相手が「こちらへいらっしゃい」などと好意的な言葉を口にしながら、態度や表情が拒否的だったりすると、とたんに混乱してしまう。僕らはこういう場合、言葉よりも態度のほうをみて、「この相手には近寄らないようにしよう」とか判断するよね。でも、統合失調症患者は、どっちが本音なのか、どっちを重く見るべきか、すぐにわからなくなってしまうんだ。

これも一種の、自明性の喪失と言っていいだろう。こういう混乱にとらわれると、患者はしばしば、石みたいに固まって一言も喋らなくなってしまう。これは「**昏迷**」という症状だ。はた目には何を考えているのかわからないけれど、このとき本人の意識は異常にはっきりしていて、後で聞いてみると記憶もしっかりしている。どうも一種の「金縛り」みたいになっているらしい。これなんかコンピューターでいえば、情報の入力過多でフリーズしてしまったような状況かな。「メモリがいっぱいです」という感じ。

自明性の喪失もダブルバインドも、統合が失調したことから生じてくると考えられる。なぜなら、ここでそこなわれているのは、「**文脈**」だから。言われた言葉の意味を知識としては知っていても、文脈がわからなければ会話は成り立ちにくい。そして、人間の行動の大半は、実はこうした文脈にとことん依存しているんだ。前に別の本（『文脈病』青土社）で書いたことだけど、「文脈」っていうのは、言葉とちょうど反対の機能を持っている。文脈はものごとをつなぎあわせる連続性の感覚を意味するけれど、言葉は世界からものごとを切り出すための道具だ。おおざっぱな言い方になるけど、ものごとを切り離す言葉に、言葉をつなぐ文脈が組み合わされることで、はじめて「意味」が生まれてくるわけだ。

だから、ひとまとまりの「世界の意味」を認識するには、言葉と文脈がどうしても欠かせない。ちなみに、「えもいわれぬ」とか「とうてい言葉には言い表せない」なんて形容は、だいたいそこになにがしかの「文脈の手応え」だけがあって、まだ言葉が追いつかないような「感じ」に対して使われるようだ。ただ、ここではわかりやすく単純化して書いたけれど、本当は文脈と言葉っていうのは、それぞれが独立して存在するようなものじゃないからね。言葉がないところに文脈はないし、文脈がないところでは言葉も機能しない。どっちも不可分の関係にあるわけだ。こころの「統合」というのは、こうした「文脈」のことでもあるんだな。文脈は、それがいつでも一つだけだからうまくいくので、しょっちゅう文脈が複数あったりしたら、やっぱり判断したり行動したりすることはむずかしくなるだろう。

失調するような「統合」があるとして、それがどんなものかはわかっているのかって？　うん、もっともな質問だ。で、答えは「わからない」だ。こころが統合を求めるとしても、それがいかなる統合であるのかは、少なくとも科学の視点からは、まったくわかっていない。一つはっきり言えることは、それが僕らの身体のようには、はっきりした構造を持っていない、ってことくらいだ。輪郭もない。中心もない。ただ統合だけがある。そんなことがありうるのかって？

ここで、ぜひとも「**象徴界**」のことを思い出してほしいな。象徴界というのは、言葉、もっと正確に言えばシニフィアンとして構造化されている。そう、そこにはある種の、確固たる構造があるんだ。ただ、それは簡単に地図や設計図が引けるような、わかりやすく目に見えるような構造じゃない。そうではなくて、むしろある種の秩序や計算式のように、抽象的なルールに基づいてなりたっている構造だ。いままでのレクチャーを読んできてくれた人ならわかるよね。そう、こころを統合する構造とは、「象徴界」のことなんだ。

象徴界は、**ファルス**を中心にして構造化された言葉のシステム。あらゆる言葉（＝シニフィアン）は、隠喩という連鎖をつうじて、すべてこの「ファルス」という、究極の象徴に関係を持っている。いっておくけど、これはもちろん、とてもよくできた仮説に過ぎない。CTスキャンだの脳波だのを用いたって、ファルスの位置なんて科学的には検証できっこないんだから。でも、こんなふうに考えると、まとまりを持たないかのようなこころについて、ある種のまとまりを持ってイメージしやすくなってくる。

ラカンは「**精神病**」（ここでは「統合失調症」とイコールと考えていい）について、象徴界が故障した状態と考えた。ラカンはこれを「**父の名の排除**」というふうに表現している。またちょっと、ややこしい話になってきたね。でも、ここはけっこう重要だから、しっかりと理解しておいてほしい。Lecture 6で、ちょっと詳しくふれたことだけど、人間の象徴界ができあがるときに、**エディプス・コンプレックス**がすごく重要な意味を持つ。パパ―ママ―ボクの三角関係は、こころがはじめて構造を持つうえで、決定的な役割をになってるんだね。二者関係は構造をもたらさないけど、三者関係は構造につながるというのは、ほら、なんとなくわかるよね、カンで。で、精神病では、この構造が壊れてしまうというわけだ。

これがどんな事態につながるか。象徴界が故障すると、まず「自分」を支える支点がなくなってしまう。これがさっきから言っている「統合の失調」をもたらすことになる。なぜって、自分の支えがなくなるってことは、自分が向きあうべきひとまとまりの世界も、ほぼ同時に崩壊してしまうことを意味するからね。統合失調症の患者のなかには**「世界没落体験」**といって、いまにも世界の終わりがやって来そうな恐怖を訴えるひとが時々いるけれど、この体験こそ、象徴界の崩壊をそのまま意味しているのかもしれない。

同じ病気でも、こういう点が「神経症」とはちがうところだ。「神経症」では、症状がどんなに重くても、象徴界は正常に機能しているとされる。なにか症状が起こるとしても、それはたとえば**「抑圧」**によって押し込められた**「トラウマ」**が、別の場所に移動するから起こる。これ自体はむしろ、象徴界の正常な機能のひとつなんだね。ラカンが僕たち「健常者」も含めた人間一般のことを指して**「神経症」**呼ばわりするのも、こういう構造がみんなに共通しているからだ。そこで「主体」は、外の世界をことごとく象徴として、つまり言葉をつうじて体験する。体験は象徴として記憶され、ときには無意識に抑圧されたりもする。でも、どんなときでも自己の内―外の区別はしっかり保たれるから、不安や恐怖をどれだけ強く感じたとしても、簡単に幻覚や妄想が起こったりはしない。

こころが簡単に壊れてしまわないのは、それが象徴界にしっかりと支えられ、保護されていればこそなんだ。前にも説明したことだけど、人間は言葉を獲得することで、現実世界とじかにふれあうことはできなくなってしまった。でも、それは悪いことばかりじゃない。現実にふれあうことは、ときにはすごく危険なことだから。たとえば、免疫を持たないひとが人混みの中を歩いたりしたら、すぐ細菌に感染して、病気になっちゃうよね。現実に直接ふれたりしたら、こんなふうに、主体が現実によって破壊されてしまいかねない。このとき言葉は一種の免疫、つまりバリアーとなって、危険な現実から主体を保護してくれる。だから僕たちは安心して、現実の多様性を楽しむことができるってわけだ。そう、潜水艦の中から海の底の眺めを楽しむようにね。「統合」っていうのは、このバリアーのことでもある。

象徴界が壊れたらこころの統合がそこなわれて、いろんな症状が出てくる。そこまではわかった。じゃあ、精神病患者の無意識はどうなるのか？　ラカンによれば、もちろん精神病患者にも、無意識はある。ただ、うまく機能しなくなるんだ。これがいちばんよくあらわれているのは、なんといっても「**夢**」だね。一般的に、重い統合失調症の患者は「夢」をみなくなる。そして、回復するにつれて、夢の世界もふたたび豊かになってくる。これは有名な話で、僕も臨床現場でしょっちゅう経験してきたことだ。よく「臨床では使えない」などと非難されがちなラカンだけど、これなんか確かに、精神病では無意識が機能しにくくなっているんだなあと実感させてくれる事実だね。僕が臨床家としてラカンを信頼できるのは、こういうことがあるからだ。ほかのどんな理論が、この事実を整合的に説明できる？　僕が思うに、どうも今のところ、精神分析以外にはなさそうだ。

Lecture 16 「現実界」はどこにある?

この章では、前の章の「精神病」の話を受けて、「**現実界**」の話をしよう。どんな関係があるのかって? おさらいもかねてまとめておくなら、ヒステリーや神経症の症状が「象徴界」に基盤を持つことと同じような意味で、「精神病」の基盤は「現実界」にある、ってことだ。いわゆる三界の話は、これまでも何度もしてきたから、だいたい大丈夫だよね?

ただし、現実界というのは、ほかの「界」もそうだけど、あくまでもトポロジカルな位置づけしかできないことを忘れずにいてほしい。もっともLecture 6では、たとえ話としてパソコンを持ち出してきて、現実界をハードウェアになぞらえたりしたけれど、あれはあくまでも比喩だから。もしホントにハードが現実界なら、パソコンの修理なんかできないことになっちゃうからね。

僕はこの三界区分を、認識と行為の分類、あるいは区分として、とっても重宝している。でも、ある対象がどの「界」に属するか、なんてことを一義的に決めることはできない。じゃあ相対的か、といわれると、それもちょっとちがう気もするけれど、まだそう考えてくれたほうがマシだ。もう一度説明しておくなら、認識したりコントロールしたりできる領域が**想像界**。精神分析の力を借りるなど、限られた状況下でなら認識・コントロールもある程度可能なのが**象徴界**。いかなる方法論をもってしても、認識もコントロールも不可能な領域が**現実界**、ということになる。

じゃあ僕らがふだん話している「現実」とは何か、ということになるけれど、それは多くの場合、想像的なスクリーンに映し出された「日常世界」のことを意味しているんだよ。だからよく「虚構と現実を混同して」なんて言い方があるけれど、ラカン的な立場からは、むしろ誰にとっても虚構と現実との間に明瞭な線引きなんかできないということになる。つまり、この「日常」だって、たまたま「リアリティ」を少々濃いめに割り当てられた「虚構」の一種、ということになるわけだね。そんな馬鹿な、現実は唯一絶対なものに決まっているじゃないか、と言いたい？　でもね、それがあやふやだからこそ、僕らは虚構を虚構として楽しめるんだと思うよ。

ちょっと脱線めくけど、**芥川龍之介**の『**藪の中**』っていう、有名な短編があるでしょう。あるいは映画で言えば黒澤明の『羅生門』のほうが通りが良いかな。こんな有名な話のあらすじを紹介するのも気が引けるけど、まあ簡単に記しておこう。平安時代、旅行中の夫婦を盗賊が襲い、盗賊はその妻をレイプして去るが、翌日その夫は遺体で発見され、妻の行方はわからなくなっていた。その後とらえられた盗賊、寺で懺悔《ざんげ》した妻、巫女の口を借りて語る夫の霊と、三者の立場から事件の「真相」が語られるが、それぞれ内容がくいちがっていて、誰の話が本当かは最後までわからない。この傑作が評判になってからというもの、みなの言い分が食いちがっていて何が本当かわからないような場合に「真相は藪の中である」という言い回しが使われるようになった。

この話は、それこそいろんな読み方ができるけれど、精神分析にこと寄せて言うなら、まさに僕らが経験している「現実」、つまりここでは「日常という虚構」になるわけだけれど、その不確かさをリアルに示す寓話ということになる。日常もそうだし、あるいは人間の記憶だってそういうところがあるけれど、それらは語られたとたんに、そのつど虚構化してしまうんだね。以前も話したと思うけど、言葉で語るということは、それ自体がそのまま虚構化の手続きでもあるんだ。ある出来事を語る場合に、同じ現場に居合わせた人であっても微妙に話がずれてしまいがちなのは、語る人の数だけ「現実」が生じてしまうということを意味しているだろう。つまり僕らが経験していると思いこんでいる「現実」なるものも、その基盤となると、決して盤石ではないっていうこと。精神分析によるならば、僕らは言葉を介してしか、現実に近づくことができない。「現実」を認識するには言葉が要る。「現実」を記憶するにも、それを誰かに伝達する際にも言葉、あるいはイメージが必要だ。そう言ってよければ、僕らの「現実」なるものは、常に言葉やイメージによって汚染されているってわけだ。こういうカギカッコつきの

「現実」が、虚構としての「日常的現実」ってことになる。

ほんとうの現実、つまり現実界というのは、想像界や象徴界の位置づけの後ではじめて成立するような、まさに不可能の領域を指している。だから現実界は、さまざまな形式で繰り返し語られることになる。そのことを象徴するような、ひとつのエピソードを紹介しよう。

中沢新一という有名な宗教学者が、九〇年代初頭に発表したエッセイで、こんなことを書いた。「ぼくは、いっさいの幻想を、人間の意識からぬぐいさってしまいたいのかもしれない。世界の裸体は、ほんとうに美しい。その裸体を自分が所有したいとか、思い通りにしたいとか、思ったとたんに、裸の美女は消えてしまう。ぼくたちは、リアルとの、真実の性交を求めているのだ。」（『リアルであること』一九九四）どうだろう。なかなか美しい文章じゃないだろうか。あまりよく考えずに読めば「ふむふむ、そういうものなのか」などと、つい納得して読んでしまいそうだ。

ところがこの「リアル」の使い方に腹を立てた、あるラカン派精神分析家が中沢氏に噛みついた。彼の言い分はこうだ。人間は絶対に「リアル」に出会うことはできない。もしそれが可能になるとすれば、それは「死」の瞬間だけだ。精神分析家の役割は、クライアントに、こうした「生の現実との出会い」などありえない、という認識をしっかりと持ってもらうことにあるのだ。

たしかに、このラカニアンの言い分は正しいというほかはない。僕も中沢氏の文章は、なんか能天気な印象が否定できない気がする。そりゃアジテーションとしては格好いいけど、じゃあどうやってその、リアルとの「真実の性交」とやらを実現すればいいの？と意地悪な質問をしたくなる。このエッセイが書かれてから一〇年以上経つわけだけれど、その方法が発見されたというウワサは聞かないし。

ただ、ここで一方的に中沢氏だけを糾弾するのは、ちょっと気の毒な気もするんだよね。時代背景もあることだし。それに、たぶんこの二人は、同じことをちがう言葉で言おうとしているだけなんだから。どっちも要するに「幻想にだまされるな」と言いたいわけでしょう。だから中沢氏は「リアル（現実）」という言葉じゃなくて「リアリティ（現実らしさ）」という言葉を使えばよかったんだと思う。ちなみにラカンも「リアル」と「リアリティ」を区別していて、「リアリティ」については「リアルのしかめっ面」なんて定義している。つまり、まるでリアルを認識したかのような感覚（錯覚だけどね）がリアリティということ。ついでに言えば中沢氏のラカン引用は、その後も結構いい加減で、唐突に「ポケモンは対象aだ！」なんて言い出すから困る。というか、実は半分おもしろがってるんだけどね、僕は。

それはともかく、ことほどさように、ラカニアンにとって現実界は超大切な概念なんだね。だから厳格なラカニアンの前では、うっかり「現実」とか言わないほうがいいよ。

えんえんと現実界のレクチャーを聞かされることになるからね。ラカン自身も、現実界という言葉を自分が作り出したという自負が強くて、あるところではその「発明」を、フロイトによる無意識の発明になぞらえているほどだ。ラカンはこの言葉を、哲学や思想の領域から輸入してきたと言われている。たとえばラカンが影響を受けたとされているのは、**エミール・メイエルソン**、**ヘーゲル**、**ハイデガー**といった哲学者たちの言葉だったんだね。あるいは、ちょっと哲学をかじったひとなら、現実界から**カント**の「**物自体**」なんて言葉を連想したかもしれない。簡単に解説すると、カントは僕たちの感覚がすでに時間や空間といった形式に縛られているため、外の世界の存在をあるがままに認識することはできないと考えた。この、根本的に認識不可能でありながら、僕たちの感覚を刺激する存在こそが「物自体」だ。ね、かなり現実界に似てるよね？ ふたりとも同じことを言っている。つまり現実（あるいは「物自体」）は確かに存在するけれど、僕たちが見たり感じたりしている通りのものではあり得ませんよ、ということだ。ただ、ラカンは感覚の形式のかわりに、言葉やイメージというものを想定して、それではとらえきれない領域に現実界を置いたわけだ。

よく誤解されているみたいだけど、ラカンはけっして観念論者じゃない。つまり、この世の出来事は、すべて頭の中に生じた幻想に過ぎないというふうには考えていない。むしろラカンは**唯物論者**だ。これは厳密に言い出すと「シニフィアンの物質性」とか、なかなかややこしい話ではあるんだけど、ここでは強引にまとめてしまおう。ラカンは、現実の存在を肯定する。それは決して見ることも触れることもできないものだ。でも、現実はある。僕らは現実の存在から刺激を受けて、さまざまな幻想を見ることができるのだ。つまりラカンは、幻想の基盤としての現実を肯定するという意味で、頑固なまでに唯物論者なんだね。

見ることも触ることもできないとはいえ、ラカンは現実界についていろいろと述べてはいる。ちょっと、それについてみてみよう。

これまでにも何度か説明してきたように、象徴界は「在―不在」の間から生じてきたという性質を持っている。つまり言葉（シニフィアン）は、存在の代理物なのだ。そうである以上、象徴界には根本的な欠如が刻まれている。つまり「**あな**」が空いているんだね。言葉に取り込むことができない領域、つまり現実界がそこからのぞいているような「あな」が。

でも、現実界はちがう。そこには欠損や欠如はない。「現実界には亀裂はない」とラカンは言うけど、これは要するに、現実界っていうのは構造も持たない、一種の混沌というふうにもとれるね。混沌と言えば、中国の古典『**荘子**』に出てくる有名な話で「**混沌、七穴に死す**」ってのがある。こんな話だ。

南海の帝王と北海の帝王が中央の帝王である「混沌」に大変なもてなしをうけた。なにかお礼をしようという話になって、人間には食べたり見聞きしたりする七つの穴があるのに混沌にはない、せっかくだから穴をあけてやろうという話になった。二人がかりで毎日穴を一つずつあけてやったら、七日目に混沌は死んじゃった。とまあ、そういう恩を仇で返すようなひどい話で……いやそうじゃない、混沌に無理に秩序をあたえると、混沌が持っているエロスとかエネルギーが殺されてしまう、とここでは解釈しておこう。

厳密には少しちがうんだけど、この荘子の言うところの「混沌」とラカンの現実界とは、かなり近いかもしれない。つまり、言語化される前の未分化なカオス、というイメージね。逆に言えば、混沌とした現実に、切れ目を入れたり秩序づけたりするのは、まさに言葉の役目ということになる。そしてこのとき、どうしても言葉に取り込まれず、言語化に抵抗して、その外側に逃れてしまう領域こそが現実界というわけだ。

（※ただし、ここで注意してほしいのは、ラカンのいう現実は、けっしてどろどろして不定型な得体の知れないものではない、ということだ。ラカン自身はヘーゲルなんかも引用しながら「現実界は計算と論理にしたがう」としている。もっともその「計算と論理」なるものがどんなものかは明確ではない。少なくとも、かなり複雑きわまりないものをイメージしていたことは確かだ。）

ところで荘子といえば、もっと有名な**「胡蝶の夢」**って話があるよね。ある暖かな春の一日、荘子がうたた寝をしていて夢を見た。夢の中で荘子は胡蝶となって花から花へと飛んだ。やがて夢の中の胡蝶は目を覚まして、荘子はふたたびわれにかえった。さて、荘子が胡蝶の夢を見たのか、胡蝶が荘子の夢を見たのか。この話も、現実界の理解には少しばかり役に立ちそうだ。これはまさに、さっき話したばかりの「日常的現実」の虚構性にかかわる話でもあるからだ。荘子か胡蝶かという問いには、誰も明瞭に答えることができない。しかしそれは、現実が相対的だから、ではない。そもそも日常的現実があらかじめ虚構性を帯びていることを、この話はよく示している。問題は胡蝶と荘子の間にあるんだけど、その間の行き来を可能にしているものこそが現実界だ。その意味で現実界とは、意識や無意識がスムーズに作動するための余白として、僕たちのこころに語ったり想像したりする自由を与えてくれている、と考えることもできる。これは構造主義なんかにつきものの「ゼロ記号」みたいな空白の位置と考えるなら、もう少しわかりやすくなるかな。

この空白は、さっきちょっとふれた象徴界の「あな」にも該当する。ここに現実界を位置づけてもいいし、あるいは享楽なんかもここに所属することになるだろう（享楽についてはLecture 14参照）。で、これが実際にはどこにあるかというと、ちょっとややこしい。現実は主体の外側にあるに決まっているだろう、と言われそうだけど、必ずしもそうじゃないんだな。後で触れるトラウマや幻覚のような形で、「現実」や「享楽」

は、主体の内面にも入りこむことがある。いつも主体のそばにつきまとっているくせに、その外側とも内側ともいえない位置づけを持ってるんで、これを「**外密**」なんて言葉で表現したりすることもある。まあ、このへんは豆知識という感じで押さえといてほしい。ちなみにラカンも「胡蝶の夢」にふれていて、例によって、ちょっとひねった解釈をしている。簡単に言えば、胡蝶のときは胡蝶であることを自問自答しないのに、目が覚めて荘子にもどってからは、自分が荘子か胡蝶かを自問自答してるんだから、胡蝶と荘子は必ずしも対等じゃないよね、ということ。だからラカン流の言い方では、荘子の主体性を保証しているのは、まさにこの自問自答、つまり胡蝶でもあり得る可能性、ということになるわけだ。まあホントはもっと込み入った、ややこしい議論をしているんだけど、ここではコンパクトにまとめておこう。

さて、それでは実際に、現実界は精神現象のどんな場面で問題になるんだろうか。たとえば「**トラウマ**（心的外傷）」について考えてみよう。むかしなら**神経症**や**ヒステリー**、いまは**PTSD**（心的外傷後ストレス障害）の原因として知られる、あのトラウマだ。それが、すごく辛く耐え難い経験を意味していることは、みんな知っているよね。じゃあ、なんでトラウマが病気の原因になるんだろうか。

ラカンによれば、それはきわめて現実的な体験だから、ということになる。もちろんラカンはそんな素朴な言い方はしない。彼一流のややこしい言い回しでいえば、トラウマという形式の中において、現実的対象との出会い損ねが反復される、ということになる。まあでも、ここは単純に理解しておこう。トラウマは、それがあまりにも現実的すぎるがために、いつでも強い不安を呼び覚ます体験のことだ。強烈すぎて、言葉やイメージにうまく吸収することができない。つまり「幻想」という安全な形で記憶できないわけだね。だからトラウマは、通常の記憶や思い出とはちがって、冷静に思い返したり、味わったりすることはできないんだ。

それにしても、たった一度きりの体験が、病気まで引き起こすのはなぜか。不思議に思う人もいるだろうね。それはこういうわけだ。トラウマはまるで有毒な物質のように「こころ」に沈殿し、言葉やイメージの外側にとどまり続ける。そして「現実界は常に同じ場所に戻ってくる」というラカンの指摘どおり、トラウマも言葉やイメージを通じて、何度でも悪さを反復するんだね。これが「症状」という形であらわれる。たとえばＰＴＳＤには「**フラッシュバック**」という有名な症状がある。事故現場を目撃してそれがトラウマになっているひとが、自分でも予想できないときに、くり返し事故のイメージがよみがえってきて苦しめられるような症状だ。ここではトラウマが、イメージの回路を通って症状をひきおこしているわけだ。

ここで注意してほしいのは、どんな体験がトラウマになり、それがさらにどんな症状に結びつくのか、まったく予測がつかないということだ。こういう経験をしたらこんな性格になりますよ、といった「図式」は存在しない。精神分析をそういうことを言いたがる学問だと誤解している人も多いようだけど、このさい訂正しておこう。そういう安直なサイコミステリーも多いからなあ。

言っておくけど、精神分析は、常に事後的な解釈、いいかえれば後知恵の技術なので、まったく予測には向かない。つまり、何か問題が起こってからしか、その力を発揮できないんだね。なぜかって？　症状の原因は、トラウマ以外にも過去のいろんな経験によって影響を受ける。フロイトはこのことを「重層決定」って呼んだけど、それはまあいいとしよう。複数の要因が重なり合って起きた結果は、後から「解釈」することしかできないからだ。予測が可能なのは、もっと単純な因果関係で起こる現象だからね。突飛なたとえだけど、地震だって原因、つまり「震源地」はわかるのに、予知はまだできないよね。ここにも似たような事情があるのかもしれない。

それはともかく、トラウマの現実性という話は、僕らの臨床現場での経験からも、かなりうなずける指摘だ。僕も日常的に「ひきこもり」だけじゃなくて、ＰＴＳＤの患者さんを診察する機会がある。そういう経験から言いうることは、トラウマ的な体験にもいろんな程度があるということ。そして、その程度というのは、その体験を語りうるか否かで、ある程度判断できるように思う。たとえば「私はこんなトラウマで苦しんでいます」と、とっても具体的かつ詳細に語る人がいる。でも、こういう「語ることができるトラウマ」って、比較的軽いことが多いんだよね。語っているうちにどうでもよくなってくることさえある。問題なのは、語れないトラウマ。どうしても思い出せないという古典的な「抑圧」タイプから、それについて話そうとしただけでパニックや錯乱状態になってしまうようなPTSDタイプまであるけれど、重いトラウマ体験っていうのは、どうしても簡単には語れるもんじゃない。それを語れるようになるまでうまく導くのが、治療者の仕事ということになる。

だから、トラウマをなんとかしたいと考えている人に、間違っても「犬にかまれたと思って忘れなさい」なんてアドバイスをしてはいけない。それはトラウマという現実的な記憶を温存することにしかならないんだから。そうじゃなくて、トラウマと正面から向き合い、それについて語り、あるいは書くことで言語化し、さらに言えば、自分自身の人生の物語という形式の中にイメージとして取り込むことが必要だ（一部異論もあるけどね）。そうすることではじめて、トラウマを解毒することが可能になる。すごく乱暴な言い方だけど、臨床家としての僕は、そういう目標でトラウマの治療をすることが多い。でも僕の見たところ、トラウマの治療にはいろんなものがあるけれど、どれも基本は同じように思える。つまり、繰り返し思い出させることで、その毒性を薄めていこうとする点ではね。

あと、これと似た話で、好きになった異性の顔を覚えられないという現象があるよね。それとも、今時の若者はそんな経験しないのかなあ。僕は中学生のころ、好きだった（もちろん片思いだ）女の子の顔がなかなか覚えられなくて苦労した記憶がある。恋心が強烈なほど、記憶があやふやになって焦ったものだ。不思議なことに、思いがさめるにつれて、記憶のピントもしっかり合うようになってきた。思うに片思いとか恋愛とかも、一種のトラウマみたいな強烈な体験で、まさにトラウマと同じように現実との出会い損ねだからなのかな。

恋愛ついでに言えば、同じタイプの異性を繰り返し好きになる人って多いよね。どんなに周りから忠告されても、繰り返し「だめんず」にハマる女性とかが典型かな。これなんか、まさにトラウマの反復と言えそうだ。

「変われば変わるほど変わらない」っていう、フランスのことわざがある。実は僕は、これが精神分析の根幹をなす考え方だと確信している。どういうことかって？　ここにはラカンが精神分析の基本概念として強調した**「反復」**の思想があるからだ。

これは別に、人間の成長や進歩を否定しようって話じゃない。もちろん人間は変わっていくだろう。しかし、いっけん大きく変化を遂げたかにみえる人間の言動の中に、よくよくみれば、その人にとっての決定的な経験（時にはトラウマとも呼ばれる）が「反復」されていることはしばしばある。むしろこの「反復」こそが、人を人たらしめている要因のひとつじゃないだろうか。

映画や小説の中で、この「反復」が巧みに描かれていて感動したことって、みんな覚えがあるはずだ。こうした「反復」は、象徴界のシステムがあってはじめて可能になる。「反復」を実感するとき、僕たちは象徴界の作用にまちがいなくふれているんだ。


閑話休題、現実界が問題になる病気といえば、なんといっても「精神病」だ。精神病について、つまり統合失調症については、前に少しくわしく検討したよね。つまり、象徴界が機能不全におちいる病気として。象徴界が機能しないとどうなるか。そう、もう予測がつくよね。現実界が、もっといろんな形で悪さをするようになってくるんだ。

これまでのレクチャーをしっかり読んでくれた人にはわかると思うけど、象徴界が機能しないということは、**去勢**がうまくいかなかったということでもある。難しく言うと、象徴的なものが「**排除**」されてしまっている、ということだ。でも、だからといって精神病者が言葉を喋れないというわけじゃない。お喋りな患者さんだってたくさんいる。

問題は、精神病者にとっての言葉の価値が、僕らとはかなりずれてしまいがちなことにある。たとえば僕たちにとって、言葉は象徴に過ぎないけど、彼らにとっては言葉は、かなり現実的なものになるんだね（これは程度の問題もあるし、比喩的な言い回しでもあるから、そういうつもりで読んでほしい）。彼らにとって「言葉」とそれが「意味するもの」とが同じ価値を持つことはしばしばある。だから彼らは、言葉を額面通りに受け止めがちだ。たとえば精神病者は、「ことわざ」の意味がわからなくなることが多い。それはことわざに大量に含まれている「**隠喩**」を、うまく解釈できなくなるからだ。同時に、いろんな場面で「**文脈**」を理解することが苦手になってくる。彼らがときどきとんちんかんなことを言ったりしたりするのは、そうしたことの理解力の低下が原因であることも多い。

そのような意味で象徴界が**排除**された精神病者が、みんな発病するとは限らない。ちょっと挙動不審だけどいい人、くらいのキャラですんでしまう場合もある。そんな人でもある種の状況のもとにおかれると、精神病の症状が出現するとラカンは言う。それはどんな状況か？　父のシニフィアンを引き受けなければならないような状況、とラカンは言うけど、ちょっとわかりにくいね。簡単に言えば、責任のある大人として振る舞うことを要求される場面だ。言い換えるなら、他者からアイデンティティを問われるような場面。そうだなあ、就職とか結婚、出産や昇進なんかが、これにあたるかな。もちろん人それぞれだけど。そういう場面に立たされると、精神病者の主体は、あっけなく壊れてしまう。そして、排除されていた象徴的なものが、一挙に現実界にあらわれてくる。これがいわゆる「**幻覚**」ということになるようだ。ちなみに統合失調症の場合、幻覚といえば、ほとんど**幻聴**、つまり、その場にいない人の声が聞こえてきて、その声に支配されてしまうような症状を指している。

精神病の症状として幻聴が多いっていうことは、かなり重要な事実だ。幻視、つまりまぼろしのイメージっていうのは、あんがい怖くない。なぜかって？　自分の外側にイメージすることができるからだ。ところが幻聴は声だ。声というのは不思議なもので、外から聞こえるようで内側から自分を支配するような、まさにさっき述べた「**外密**」的な位置にあらわれやすいんだね。フロイトは「**不気味なもの**」について、慣れ親しんだイメージが一種の他者性を帯びてあらわれることとして記述しているけど、同じ意味で幻聴も、不気味かつ恐るべき他者として、主体を脅かすってわけだ。

なかなかきれいな説明だけど、でも、さすがにこのへんは眉唾《まゆつば》かな。いつも強調しているとおり、僕自身はラカンの理論が精神病をきれいに説明しているとは思えない。やっぱり精神病はラカンだけでは手に負えないと思う。こんなことを言うから、僕はラカニアンの仲間には入れてもらえないんだろうね。前にも言ったように、ラカニアンの多くは、ラカンこそが精神分析で精神病を解明する可能性を切りひらいたことを誇りに思っているんだから。そんな「ラカンの可能性の中心」を否定しちゃったら、そりゃ嫌われてもしかたがない。

いちおう言い訳しておくなら、ラカン理論でも、ある種のパラノイアとか、幻聴の出現するメカニズムなんかは、なかなか説得力があると思うから紹介したわけだけど。あと、象徴界の機能不全ってところについては、臨床家として深く納得している。ここだけの話、僕が統合失調症の診断をするときには、患者さんの言葉を一番重視しているくらいだ。

さて、ここまでで現実界の説明は、ほぼ終わった。もちろん語り残しもたくさんあるけど、先を急がなければならない。というわけで、次章は三界の位置づけとボロメオの輪について、です。

Lecture 17　ボロメオの輪の結び方

先日、ある雑誌を読んでいて驚いたんだけど、もう「象徴界」とか「現実界」とか、なんの説明もなしに使われているんだよね。それも精神分析とかはあまり関係ない文脈でさ。注釈抜きで引用されるとは、ラカンもずいぶん普及したもんだなあ。ただ残念なのは、まあしかたない点もあるんだけど、やっぱり誤解が多いんだ。一番多いのは、字ヅラにひっぱられての勘違い。つまり「現実界」っていうのは、まさに僕たちが今生きている現実世界のことを指していて、「象徴界」は制度やら組織やらシステムやらを指しているという理解かなあ。この本を読んでくれている人の中には、よもやそんな誤解をしている人はいないと信ずるけどね。このあたりのちがいについては、もう何度か説明してきたから、ここでは繰り返さないよ。前章でもちょっとふれておいたから、そっちを覗いてみてほしいな。

さて、この章は他の章に比べて、少しばかり難しいかもしれない。「**症状**」についてのお話だ。

「症状」といえば病気の人だけが持っているものと考えがちだけど、ラカンの考えはちがう。これも前にふれたとおり、ラカンは人間が言葉を持つことで、本来的に自然（非健康）からはみだしてしまった存在、すなわち「神経症」的存在であるとみなしている。だから、僕たち人間のさまざまな営みは、しばしば症状と同じレベルで理解できることになる。たとえばフロイトが指摘した「**言い間違い**」なんていうのは、まさに症状そのものと言えるかもしれない。要するにあれは、自分が本当に言いたいことを、間違いという形で表出する行為だから。

精神分析とはなにか、という話にもつながっているから、ちょっと脱線するね。精神分析に対する、いちばんありふれた誤解は、それが単純な解釈のシステムであると決めつけるもの。僕もときどき「私の夢を分析してください」なんて頼まれることもあるけど、これはほとんど占い師と同じことを期待されているわけだね。「あなたの夢に出てくるハサミは、明らかにペニスの象徴です」とか「魚の夢をみたということは、たぶん膵臓に問題があります」みたいな。この問題については前にも指摘したと思うけれど、こういう解釈はすべて一般論に過ぎない。**夢分析**というのは、精神分析もそうだけど、患者と分析家の共同作業だ。たとえば、夢の内容からさらに自由に連想を働かせてもらって、解釈できない核心、つまり「**夢のへそ**」を探り当てる作業のことだ。この作業をするためには、分析家という他者のかかわりが欠かせない。フロイトも言うように、自己分析というのは、けっして一般論を越えることができないからだ。

よく二〇世紀の三大思想として、ダーウィンの進化論、マルクスの唯物史観、フロイトの精神分析が挙げられる。これらはたしかに、ものの考え方に革命的なパラダイム・シフトを起こしたという点では妥当な選択だと思う。面白いのは、みんないまだに激しく批判され続けている理論だっていうこと。どれも生み出されて一〇〇年以上経った思想ばかりだけど、それでも強い反発があるってことは、これらの思想が現代においてもリアルであることの証明じゃないかな。僕たちはこういう考え方を否認したくてしかたないんだけど、でも、どうしても否認しきれないなにがしかの手応えが残ってしまう。

余談はともかく、じゃあフロイトは一体なにをしたのか？　無意識の発見？　それはフロイト以前にもあった考えだ。精神分析の発明？　ほぼ同時代にフランスにもピエール・ジャネなんて元祖がいたことを忘れちゃ困るね。むしろ最近ではジャネのほうが評判がいいくらいだ。おまけにフロイトは、医師としてあまり腕がいいとも言えない。彼を有名にした症例は、失敗例とか他人の治療したケースとかばっかりだ。むしろ治療にコカインを使うようなトンデモ治療をしてスキャンダルになったりしている。こう考えていくと、いったいフロイトにオリジナルな業績があるのか疑問に思うひともいるだろう。

ここでは治療技術としての精神分析ではなく、思想としての精神分析という点に焦点を当ててみよう。そこに独自の思想はあるのか。

ある。それは、「人間の『こころ』と『言動』のあいだには、常に隠喩的な隔たりがある」というものだ。

ちょっと、わかりにくかったかな。順番に説明しよう。人間を、その人の言動の通りに理解する人はいないよね。言動が形作るその「人となり」みたいなものを前提にして、その人の言葉や行動を、あるときはそのまま受け止め、あるときは割り引いて聞いたり、些細な言葉の言いまわしに注目したりする。こういうことをしている時点で、僕たちはすでに「人間には『こころ』がある」ということを前提にしているわけだ。

必ずしもイコールではない「こころ」と「言動」を結ぶもの、それが言葉＝隠喩であること。言動はこころの動きをそのまま反映するというよりは、こころを象徴する形で表出される。そしてこのとき、まさにこの象徴という形式が、言葉によって与えられてもいるんだね。ラカンはこの言葉の働きに関する部分をもっと徹底して追いつめたわけだ。その天才的なラカンですら、元祖フロイトの前では、せいぜいすごい秀才くらいにしかみえない。そのくらい、このフロイトの発見は大きかった。もちろんこの問題には、あの「**性**」の問題も絡むんだけど、こちらはいつの時代も抵抗が大きくて十分には受け入れられていない。でも、こころを言葉の働きとしてみるという作業には、この「性」の問題も密接に絡んでくる。

そして、人間が**語る存在**である限り、人間の言動はひとつの**症状**として、そのひとつの存在を指し示すことになる。ラカンの文脈でいえば、症状こそが人間の**存在証明**になるってわけだ。わかりにくいかな。でも僕は、そういう傾向が最近になるほど露骨になってきているような気がしてならない。若者が自分のトラウマについて相手かまわず告白したり、手首に傷をつけて存在確認をしたりすることは、もう珍しいことじゃないしね。彼らの言動こそが、まさに「症状＝存在証明」というラカン的事態を支持している。ボランティア活動から犯罪に至るまで、そうした行動に関わることで自分の存在を証したいという欲望が、これほど露骨にみえてきた時代はかつてなかった。こんなふうに、健康と不健康の区分、正義と悪の区分が曖昧化した時代だからこそ、ラカンが注目されるのは当然なのかもしれないね。

さて、その「症状」なんだけど。今回は、これをもう少し詳しく位置づける作業をしよう。いままで何度も繰り返してきたように、ラカンによれば人間世界は「三界」から構成される。直接に認識したり理解したりすることができる想像界、直接に認識はできないけど、分析することは可能な象徴界、認識も分析もできない現実界、という区分だね。前には「コントロールできるかどうか」で区別したけど、覚えてるかな？

念のために確認しておくけど、ここで僕たちが生活している「日常世界」は想像的なもの、すなわち幻想ということになる。ただしそれは、実体を欠いた形而上学的な幻想、ってわけじゃない。ほら、哲学なんかでよく問題になるアレのことさ。世界はすべて主観的な幻にすぎなくって、そこにはどんな実体もないとするような観念的な議論。哲学ではこれを「**独我論**」という。実はこの種の議論は、同じ土俵の上では論破できない仕組みになっている。なぜかって？　この種の観念論に対抗するようなどんな論点を持ち出しても、その枠組みそのものの観念性を指摘することができちゃうからだ。だから独我論を採るかどうかってのは、論理よりは好みの問題ということになる。え？　僕ですか？　もちろん独我論なんてポイだ。どうせ絶望するにしても、独我論的に絶望するよりは、唯物論的に絶望したいね。

ここで、ちょっと時事的な話題にもふれておこう。これまでに何度もふれてきたけど、ラカン派マルクス主義哲学者という変わった肩書きを持つスラヴォイ・ジジェクというひとがいる。彼は「9・11」同時多発テロについて、こんなことを言っている。あの事件の本質は「日常という幻想」が「テロという現実」に破られたということではない。むしろ僕たちの現実が、（ハリウッド的スペクタクルの）イメージによって粉砕されたと考えるべきなのだ、と。これは崩壊する世界貿易センタービルをみて、誰もが「まるでハリウッド映画みたいにリアルだ」という、ちょっと奇妙な感想を口にしたことからもうなずけることだ。この世界の現実が、凡庸なB級映画的イメージで覆われつつあるという感覚は、きっと誰しもが持っているはずだからね。「**リアリティ**」って言葉がこんなにしょっちゅう話題になる世の中ってのは、要するにリアリティがわからなくなった世界、ってことだ。現実界や象徴界なんて言葉が少しずつ広がっているのも、こうした状況に関係があるのかもしれない。

ただ、かなりラカンに詳しいはずの人でも誤解しがちなのは、この三界が階層構造みたいになっているとみなすこと。前にパソコンの比喩でも言ったことがあるけど、「現実界」がいちばん基礎にあって、その上に「象徴界」が乗っかっていて、いちばん上が「想像界」になっていると考えることね。逆に言えば、誰の目にもわかりやすい想像界を一枚めくれば象徴界があり、象徴界をさらにほりさげると現実界にゆきあたる、という理解だ。これ、確かにわかりやすいだけについそう考えてしまいがちだけど、ラカンによればそうじゃない。実は三界というのは、それぞれが互いにそれぞれの存在にもたれかかって成り立っているというんだね。

階層構造がもしホントなら、いちばん浅いレベルにある想像界は、別になくってもさしつかえないことになる。つまり、より真理に近い象徴界さえ認識していれば、想像界のようなウソだらけの「みかけ」の世界は見えなくても構わない、ということになるわけだ。でも、もちろんそんなことはない。一般に人は、象徴界のはたらきをじかに認識することはできないからだ。もしそれを直接見ることができたとしても、それはほとんど無意味な、まるでメカニカルなシニフィアンのたわむれにしか見えないだろう。こうした作動は、想像界のスクリーンを通じて、はじめて意味のあるものとして受け止めることが可能になる。要するに、僕らはウソを通じてしか、ホントのことに近づけないってことだ。

現実界は、もっとそうだね。現実界には、前にも話したとおり、定まった場所がない。「みなさまの右手に見えますのが現実界でございます」などと指し示すことができるような場所じゃあないからね。それは象徴界や想像界の働きがあってはじめて、そのつど「その働きの外側」に生み出されるような領域なんだ。だから象徴界が存在しなければ、現実界もそれ自身では存在することができない。

ラカンはその晩年に、こうしたもたれあいの関係性を「**ボロメオの輪**」という図式で表現した。それは、こんな輪だ（図２）。

これはイタリア・ルネッサンス期に栄えたボロメオ家の紋章で、和名では「三つ輪違い」というらしい。よく見ればわかるとおり、この三つの輪っかは、どの一つの輪がはずれても、全部がばらばらになるように組み合わされている。つまり、どれか二つの輪の組み合わせだけが残るってことはないんだ。たとえば想像界がだめになると、現実界と象徴界もばらばらになってしまう。

実は晩年のラカンは、数式や図式を使って理論を説明するのがすごく好きだった。ほかにも有名な図式がいろいろある。でも、この本では、できるだけこういう図式は用いないつもりだった。なぜかって？　こういうボロメオの輪みたいな例はまだわかりやす

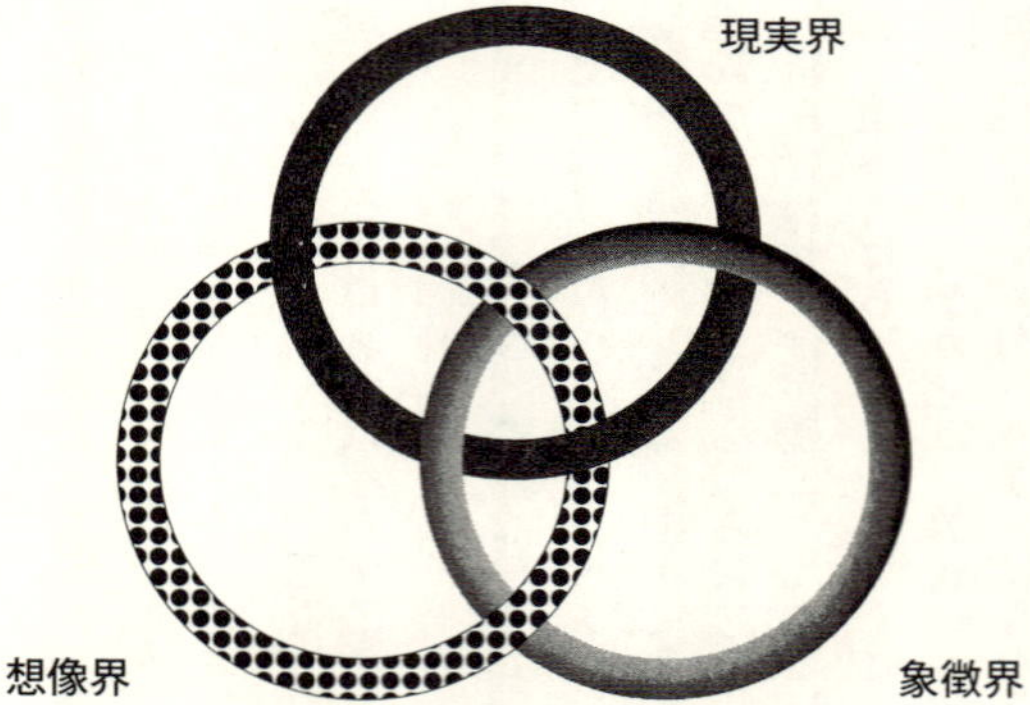

図2　ボロメオの輪

い方で、ほかの図式について言えば、かえって理解がややこしくなってしまいかねないものが多いからね。これもラカンが、とっても緻密な理論展開をしたからではあるんだけど。

あともうひとつ、ラカンが用いた数式や図式については、その道の専門家からクレームが付いたことがある。知っている人もいると思うけど**ソーカル**と**ブリクモン**という研究者が出して話題になった**『知の欺瞞』**（岩波書店）っていう本ね。もっとも、この本がケチをつけているのは、ラカン理論全体ではなくて、数学を応用した部分に限られている。確かに数学の専門家でもないのに、心を数学化しようと凝りまくった晩年のラカンには行き過ぎもあっただろう。ただね、この本が出てからというもの、「やっぱりラカンはデタラメだったんだ！　ボクの頭が悪いわけじゃなかったんだ！」というはしゃぎ方をするひとが増えすぎた。僕が思うに、キミたちはアタマが悪いんじゃなくて、センスが悪いだけなんだがな。

こうした批判がラカン全体を否定することにはもちろんならない。数式や図式にも、比喩表現として理解すれば、じゅうぶんに有用なものも多い。そのことはラカン自身が言っている。「比喩表現は足場であって、足場と建物を混同することさえしなければ理解にとって有効である」とね。ただ、すっかりケチがついてしまった昨今、あえていちばん批判が集中した「トポロジー」や「数学」の部分は使わなくてもいいだろう、と判断したわけだ。でも、このボロメオ結びはちょっと別格だね。三界の位置づけのみならず、もっと重要なことを考える上でも、この模式図は役に立つ。だから、この図と、有名な「シェーマL」だけはみずから禁を破って引用したってわけ。

もう気づいている人もいると思うけど、たとえば**精神病**っていうのは、まさにこのボロメオの輪がばらばらになりかかっている状態なんだ。ほっとくとばらけてしまうので、輪っかをつなぎ止めておくために、第四の輪っかを加えてやる必要がある。四つめの輪っかを補うことで、世界の崩壊をつなぎとめること。これがとっても重要なことになってくるわけだ。

この四つめの輪には、さまざまな意味や機能が負わせられている。ふつう、それは

「エディプス・コンプレックス」という**「心的現実」**だ。ちょっと、唐突だったかな。本書のはじめのほうで説明したように、人間が言葉を話す存在になっていくためには、パパ―ママ―ボクの三角形が重要となる時期、すなわちエディプス期をくぐりぬける必要がある。言い換えるなら、エディプス・コンプレックスを経験することで、この三つの輪がばらばらになることを防げるわけだ。ちなみにこれが「心的現実」だっていう意味は、誰もが実際にこうしたコンプレックスを経験するとは限らないから。それは現実的な経験を離れた、抽象的かつ普遍的な経験であり、こころに一つの形式をもたらすための、もっとも根源的な幻想といってもいい。

そこで、ママとボクのハネムーンを邪魔しにくるパパの役割を、別名**「父の名」**とか**「父性隠喩」**なんて難しく呼ぶこともある。ラカンは、父の名のはたらきが主体を命名し、命名することが症状を固定するという。これはどういうことなんだろう。ここでいう**「命名」**っていうのは、実際につけられたキミやボクの名前とは直接には関係がない。まあ、象徴界における位置づけ、とでも言いましょうか。かりに象徴界をひとつの世界になぞらえるなら、父の名のはたらきが、キミやボクをその世界にきちんと登録してくれるってわけだ。ここで登録を「存在証明」と考えるなら、さっきの話とつなげて、「命名が症状を固定する」ということになる。

これが精神病の場合には、さっきも言ったように、四つめの輪っかがうまくはたらかなくなる。これを**父の名の排除**、なんて言うこともあるけれど、もう意味はわかるよね。そこで精神病患者は、父の名にかわるような症状を作り出して、輪っかどうしをつなぎとめようとする。それが幻覚だったり妄想だったりするというのがラカンの説明になるわけだ。ただし、前にも言ったように、ラカンの理論は精神病については少し眉唾、というのが臨床医である僕の立場だ。「ボロメオの輪」とか言い出したら、そりゃそういう結論になるだろうなあ、くらいに聞いておいてほしい。

でも、ラカンのジョイスについての有名な議論は、臨床よりは批評とか卒論とかに応用がききそうだから、ここで簡単に紹介しておこう。

かつて**ジェームス・ジョイス**というアイルランド出身の小説家がいた。読んだことはなくとも、名前くらいは聞いたことがあるよね。二〇世紀最大の小説家とも言われるこの天才は、『ユリシーズ』や『フィネガンズ・ウェイク』といった傑作を残したことで知られている。

ジョイスの小説では、あまりたいした事件は起こらない。一九二二年に出版された代表作『**ユリシーズ**』は、ジョイスの名声を決定的なものにした古典的傑作だけど、この小説は要するに、主人公レオポルド・ブルームの一日の行動を描いただけの作品だ。つまり、ブルームが朝ごはんを食べ、葬式に出てから仕事先へ行き、昼食をとり、酒場に寄ってから帰宅し、奥さんと愛しあうという、何の変哲もない一日の出来事が描写される。その手法としての「意識の流れ」はあまりにも有名だ。簡単に言えば、ジョイスはこの作品で、物語の筋や出来事について描くという小説のあり方を決定的なまでに変えてしまったんだね。彼はむしろ、描写の技術や特異な文体を作りあげることで、まさに純粋な「小説という出来事」を作り出してしまったわけだ。

この傾向は、一九三九年に発表された**『フィネガンズ・ウェイク』**で頂点に達する。そこでは人類の歴史が主人公エアウィッカーという男の一夜の夢に凝縮されている。ジョイスはこの作品で、難解な言葉遊びに加え、「ジョイス語」と呼ばれる新しい言葉を作り出そうと試みた。そりゃあ完成までに一六年もかかるわけだよ。膨大な量の外国語と英語が融合された言葉が駆使されたこの作品は、長らく翻訳不可能といわれていたけれど、かの柳瀬尚紀さんが翻訳に挑んで、一九九三年に『フィネガンズ・ウェイクⅠ～Ⅳ』（河出書房新社）が出そろった。これはかなり画期的な仕事だったと思うなあ、余談ながら。ジョイスの弟子に、これまた有名な**サミュエル・ベケット**という小説家がいるけど、彼はこの作品について「これは何かについて書かれたものではなく、その何かそれ自体なのである」と言っている。けだし名言だね。出来事を描く小説じゃなくて、もはや小説が出来事そのものになってしまった、というわけだ。これって、ある意味、すべての小説家の究極の夢なんじゃないだろうかね。

とまあ、文学史についてはこれくらいにして、ラカンは彼のあまりにも特異な作風に注目した。ジョイスがなしとげた、このとんでもない言語の実験は、ほとんど精神病の症状みたいなものじゃなかろうか、と考えたのだ。

もちろんジョイスは精神病患者じゃあなかった。ただ、ジョイスの周りには、精神病的なことがらがたくさん起こったのも事実だ。たとえば、ジョイスはちょっとしたことで名誉を傷つけられたと憤慨し、しょっちゅう訴訟沙汰を起こしている。ときには奥さんと親友の過去の関係について疑い、奥さんを激しくなじったりもした。憎らしい相手は小説の人物として登場させてやっつける。故郷ダブリンへの激しい愛憎は、彼のすべての作品がこの地を舞台としていることからもうかがえる。要するに、ジョイスは一貫して思いこみが激しくて執念深い、ちょっと妄想がかったところのある人だったようなのだ。また、彼の愛娘ルーシアは、弟子ベケットへの失恋をきっかけに統合失調症を発病している。ジョイスは娘のために、それこそ狂ったように治療を求めて奔走した。かのユングはルーシアの二〇番目（！）の主治医だったんだけど、そのユングも、ジョイスの精神病的な傾向を認めていたみたいだ。

だから簡単に言えば、ジョイスは妄想を持たないパラノイア患者で、作品がその妄想の代わりになったということになる。ラカンはジョイスの作品が、無意識とは関係なく作られているとみなす。つまり、それは意識的に発揮された「技術」の産物だってことだ。この指摘はちょっと面白いね。シュールレアリズム運動の人たちに限らないけど、無意識こそがインスピレーションの源泉で、無意識をじょうずに解放できれば素晴らしい作品ができると信じている芸術家はいまだに多いからね。でも、そういうことを主張するような人の作品ほど、観念的で同じパターンをなぞっているようにもみえるのは、どうしてなんだろう。これは僕の偏見なんだろうかなあ。

ラカン理論によれば、もしジョイスが作品を書かなかったら、彼は精神病を発症していたことになる。なぜなら、ジョイスにおいては、「ボロメオの結び目」が外れかけていたからだ。もっと具体的に言えば、ジョイスの場合、現実界（R）と象徴界（S）が、想像界（I）を抜きにして、直接に絡まり合っていたってわけだ。

なぜそう言えるかって？　さっき引用したベケットの言葉を思い出してほしい。ジョイスの小説は、「何かについて書かれたもの」じゃない。これが何を意味するか。ふつう僕たちが書いたり喋ったりすること、つまり象徴的な行為は、必ず「何かについて」なされている。これはわかるね。僕たちが言葉を使って行うことのほとんどは、きまって「何かについて」のものだ。こういう行為においては、僕たちはまず「現実」から意味を受け取り、それを言葉に乗せて、たがいに伝達しあうことになる。言い換えるなら、ここで現実界は、想像界（＝「意味」）を介して、象徴界に影響を及ぼしていることになる。

しかしジョイスの小説は「何かそれ自体」だという。この言葉の意味するところはもうわかるね。ジョイスの言葉は、そのまま出来事、つまり「現実」なんだ。だからジョイスの小説をふつうに読もうとしても、かなり難解で意味が取りづらいし、素晴らしい情景がありありと浮かんでくる、なんてこともない。ラカン的な言い回しを使うなら、そこにあるのは純粋な享楽ということになる。言語遊戯、言語実験そのものの享楽ってことだ。だから翻訳が難しいのも当然だ。アイルランド人の享楽を日本人の享楽に置き換えなきゃならないんだからねえ。

ジョイスの場合、外れかけた結び目をつなぎ止め、かろうじて精神病が発症することをふせいでいたものが、「ジョイスのエゴ」（＝「ジョイスの文体」）ということになる。これがあの「父の名」の代わりとなって、ジョイスの精神を支えていたってわけだ。

実は僕も、こういうぎりぎりの状況で作品を作っている作家につよい興味がある。とりわけ統合失調症、つまりかつての精神分裂病に親和性のあるタイプの作家たちが大好きだ。画家で言えば**フランシス・ベーコン**、映画監督なら**デヴィッド・リンチ**、漫画家なら**吉田戦車**かな。ジョイスとちがって、みんな視覚系の作家ばかりだけど。彼らはみんな、実生活にあってはとりたてて病的な問題はない人たちばかりのようだ。いまさらベーコンの同性愛を異常とみなす人はいないだろう。リンチはちょっと風変わりな癖や趣味があるみたいだけど、せいぜい「変わった人」のレベルだし、吉田戦車は（風評によれば）もちろん常識的な大人だ。

にもかかわらず、彼らの作品には、まさに「何かそれ自体」としか言いようのないインパクトがある。これをラカン的に言い換えるなら、彼らにおいては、現実界と想像界が直接に結びついている、ということになる。象徴界の介入を抜きにして、こういった結びつきが起こるとどうなるか。現実界は言葉という網の目をかけられることで、はじめて意味へと翻訳することが可能になる。この手続きがなされていないから、おそろしくインパクトのあるイメージが、彼らの作品にはしょっちゅう出現するわけだ。だからその印象を言語化したり、あるいはシンボリックに意味を解釈したりすることは難しい。彼らの作品については、『文脈病』(青土社)でもっとつっこんだ分析をしているから、関心のある人はそちらもどうぞ。

Lecture 18　転移の問題

そもそもいったい、人はなぜ、人を好きになったりするんだろうか。不思議に思ったことはないかな？　考えようによっては、ただ生き延びるだけなら愛は必要ない。たとえば僕は、動物には人間のような愛は存在しないと考えている。動物には「馴れ」や本能に基づく愛着行動はあっても、いわゆる「愛」はない。それは「愛」が、言語能力や「死」の理解と結びついていることと関係があるかもしれない。

愛の作用を脳の生理学や薬理学、あるいは遺伝学などの方法で説明しようとする学者さんは多いけれど、僕はそういうヒトの本は信じないことにしている。あの一世を風靡した「愛は四年で終わる」とか、「地図の読めない女」とか何とか、まああのへんの本だね。みるからにトンデモだった「ゲーム脳」から、いくらか誠実そうな装いの啓蒙書に至るまで、いろいろあるけど、僕に言わせれば、みんなドングリの背比べ。そんな本を書きたくなる欲望そのものを分析したくなるようなシロモノばかりだ。

分析という点では同じだろうって？　いやいや、そうじゃないんだな。ここで述べたような「愛の生物学」は、徹底して還元主義的だ。そこでは、どんな愛も、脳や遺伝子という、物質的な基盤に還元されて語られてしまう。そういう説明は、たぶん「男性が女性を好きである」理由については、もっともらしいことを雄弁に語ってくれるだろう。しかし残念ながら「ぼくがきみを好きなこと」の理由を知る手がかりには、ぜんぜんまったく、なりはしない。科学は、再現性のある現象の解釈や予測には圧倒的に強いけれど、この世で一回しか起こらないような現象の分析には、てんで役に立たないんだ。

そして「愛」という現象は、常にすでに、一回性のものでしかありえないんだね。

おっと、ついうっかり「常にすでに」なんて常套句を使ってしまった。この言葉、ときどき目にすることがあると思うけど、これはなんというかな、「終わってからしか気づくことのできない、反復的かつ構造的な認識」を示すときに便利な言葉だ。愛とかトラウマなんかは、この「常にすでに」組だね。いっけん反復に見えるけど、実は必ず一回限りの現象。逆の言い方もできる。一回限りにみえるけど、どこかに反復的な要素をもっている現象。人の心というものは、そういう特別な要素から成り立っている（ついでに言えば「歴史」だってそうだ）。どんな手段を使っても、それらを実体として示すことはできない、それこそ「あるとしか言えない」（©糸井重里）もの。実体がないので、科学はそれを取り扱えない。しかし、そのような実体を持たない原因によってすら、人は病み、あるいは苦しむことがある。精神分析は、まずなによりも、このような対象を取り扱うための「技術」なんだね。

だから精神分析家は、あくまでも分析の技術だけを駆使して、愛と欲望の原因を求め続ける。その意味で精神分析とは、比喩的に言えば、欲望の物理学であると同時に、愛の化学であると言えるかもしれない。それが通常の自然科学とちがってみえるのは、精神分析の過程そのものが、およそ再現性に乏しい、一回限りの固有な経験であるからだ。

ついでだから、ここでちょっと弁明をしておこう。僕は臨床では分析を治療に用いず、むしろ批評や評論といわれるような場面で分析的な発言をしているわけだけれど、これには理由がある。僕は一貫して、「リアリティ」に関心があるんだが、これこそ実体を示し得ないのに、あるとしか言えないような感覚だ。で、僕に言わせれば、精神分析の技術は、病気に限らず、リアリティの分析全般に応用が利く。治療には責任が伴うから、専門の教育を受けていない僕が精神分析治療を直接に行うわけにはいかないけれど、批評への応用くらいは許されるだろう、というわけだ。

閑話休題、「愛」に話を戻すこととしよう。フロイトは「われわれの治療は愛による治療である」と語った。おっと、だからといってフロイトを「医は仁術」のヒト、だなんて誤解しないでくれよ。余談だけどフロイトは、治療者はきっちりと診療報酬をもらうべきと主張した。そこだけみれば「算術」の人だ。ここで「愛」が重視されているのは、一つにはその作用によって、治療への抵抗を弱めることができるからだ。

さて、Lecture 8でも述べた通り、すべての愛の起源は**自己愛**だ。まずはじめに自己愛があり、それを延長したところに生ずるものが、他者への愛だ。こう言うと、「他人を大切にすると自分が得をする、という意味でしょ」とか、「他人を愛する自分がカワイイ、ってことでしょ」などと言いたがるお利口さんたちがいるけれども、それは単なる打算なのであって、ここでいう自己愛とは関係がない。自己愛から愛が育まれるというのは、もっと無意識のレベルで起こっている話なんだ。

フロイトは日常語である「愛」じゃなくて、「**惚れ込み**」という言葉を使おうとしたようだけど、まあここでは話が複雑になるから、どちらでもいいとしよう。ただ、フロイトもラカンも、愛の起源を説明するのに、**プラトン**の『**饗宴**』を引用している。これはあとで、転移の説明にも使われるから、とっても重要なテキストだ。まずはこの中から、有名な「**愛の起源**」の話を紹介しよう。

酒杯を重ねながら愛について賢人たちが語り合う宴で、喜劇作家アリストパネスは**アンドロギュノス**（両性具有）について演説する。それによると、大昔の人間は、現在の人間とはちがっていた。手足が四本ずつあって、顔も二つあった。性別も二種類じゃなくて三種類あった。つまり、男どうし、女どうし、そして男と女の結合体だ。この、最後の組み合わせがアンドロギュノスというわけだ。あるとき人間たちは自惚れて、神々にたいして反乱を起こした。怒った神は、罰として、人間たちの体を真っ二つに裂いてしまった。このときから、人間は現在の形になり、また失われた片割れを求め続けるようになった。かつて男どうし、あるいは女どうしがくっついていた種族は、分裂してからは同性愛者となり、アンドロギュノスは異性愛者となったのだ。

ここで「片割れを求める欲望」が、エロス的なものとして説明されている点に注意しよう。そう、愛の本質は性愛的なものであるという主張が、このエピソードをフロイトが引用した理由のひとつだ。おっと、だからといって、これは「しょせんはカラダ目当てなのね！」っていう話じゃないよ。ここでいうエロスっていうのは、セクシャルなものと同じくらい、メンタルな要因をはらんだ概念なんだから。もちろん自己愛だってエロティックなものだ。「**自体愛（オートエロティシズム）**」なんていうくらいだし。

さて、同じくエロスに関係がある愛のもうひとつの形式として、「**転移**」というものがある。「転移」のことは、きっと知っている人もたくさんいるだろう。カウンセリングを受けていて、患者が治療者に好感を抱いたり、恋愛感情を持ったりした場合、その感情を「転移」、より正確には「**陽性転移**」と呼ぶ。そう、転移には「陽性」と「陰性」があるんだよね。好意よりなら陽性転移、嫌悪に近ければ**陰性転移**、という具合に。ラカンによれば、それはこんなふうに説明される。陽性転移とは、分析家に対して優しい感情を持つこと、陰性転移とは、分析家に不信の目が向けられること。ここでラカンが「分析家を愛すること」とか「分析家を憎むこと」と書いていないのは、さすがに慧眼、という感じかな。

実は「転移」こそは、精神分析の根幹をなすと言っていいくらい、超大切な概念だ。じゃあなんで、いままで取り上げなかったかって？　実は「転移」に関しては、ラカンはそれほど独創的な貢献をしていないんだね。いや、もちろん後でふれる「アガルマ」の話とか、有名なエピソードはあるにはある。でも、この概念については、やっぱりフロイトの貢献が圧倒的なんだ。このフロイトのオリジナリティの前では、ラカンの鋭い補足ですらも、さすがに小粒のものにみえてしまう感があるのは否めない。

でも、これは本当に精神分析にとっては本質的な概念なので、一度きちんと説明しておこうと思ってはいたんだ。なにしろ最近の若い患者さんは、平気で「私、先生に転移しちゃったみたいで」とか言いますからね。たしかに「治療者を好きになること」は転移感情にはちがいないけれど、でもそう単純な理解だけでは、ちょっと困る。

転移というのは、ある種の人間関係の中で、相手に無意識の欲望が向けられ、現実化させられる現象を指している。それはしばしば、幼い頃の人間関係（親やきょうだいとの関係など）を、相手を替えて繰り返しているようにみえる。こういう関係は、やはり治療関係の中で起こりやすいんだけど、それに限ったことじゃない。後でふれるように、いろんな人間関係において「転移」は起こり、それはしばしば性愛として現実化する。

Lecture 13 でちょっとふれた、「アンナ・O」っていう症例の話、覚えているかな。フロイトが精神分析を創始するきっかけとなったのは、彼女の存在が大きかったんだけど、彼女の治療の時点で、すでに転移は大いに問題になっていたんだよね。最初の治療者だったブロイアーに転移した彼女は、想像妊娠したりとか、かなりいろんな症状を呈した。もともとはブロイアーの恋愛性の**逆転移**（※「転移」とは逆に、治療者が患者に対していだく感情全般を指す）感情が原因でもあったんだけど、これですっかり引いてしまったブロイアー、奥さんを連れて子作り旅行に出掛けてしまった。要するに、どうしたらいいかわからなくなって、逃げちゃったわけだ。

（※実は「アンナ・O」の症例については、フロイトが書いたエピソードがすべてウソだったと細かく検証した本が出ていたりする。僕がここで紹介しているのは、あくまでもフロイトによる研究のまとめ、と理解しておいてほしい。）

後でも紹介するけど、転移の問題というのは、精神分析史の中では恥部と言っていいエピソードをたくさん抱え込んでいる。でも、こういうスキャンダルが、精神分析の発展にあずかってきたことも事実だから、何事もなかったように口を拭って済ますわけにはいかないんだ。

転移について重要なことは、それが単なる愛情や好意であることに留まらず、ある種の感情やイメージの反復であるということだ。それはしばしば、重要な肉親に向けられた感情を、別の新しい対象に向け直しているに過ぎないことも多い。たとえば女性患者が男性治療者に転移する場合、そこで繰り返されているのは、かつて父親や兄へと向けられた感情であるとされている。だから治療関係の中で転移感情が生じてきたときは、それがどういう理由で生じているかを、きちんと**解釈**しておく必要があるんだ。

一般に、転移が起こってくると、病気の症状は改善する。まあ、これはわかりやすいよね。自分の恋愛感情が肯定されているときって、かなり強烈な安堵感が生まれやすい。そういう状況下で、問題がすべて解決したと思いこむことも可能になる。この状態を「**転移性治癒**」なんて言ったりする。つまり、ホントの意味の治癒とはちがう、ってこと。まあ当然と言えば当然なわけで、こういう感情はニセモノとは言わないまでも、さっきも少し触れたように、昔の感情を反復しているだけ、ということになる。だから賞味期限が短くて、すぐにしぼんでしまったり、愛情が突然憎しみに変わってしまったりと、実にうつろいやすいんだね。

治療の初心者は、患者さんに一生懸命に奉仕するから、こういう転移性の治癒を誘発しやすいし、それを本物の改善と錯覚しやすいんだけど、しばらく治療を続けていくにつれて、メッキがはげてがっかり、なんてことになりやすい。だから「転移」のことを深く知っておくことは、そういうぬか喜びを避けるためにも必要なことなんだ。

いっぽう転移は、精神分析に対する強力な「**抵抗**」ももたらす。分析家は、この種の抵抗を適切な解釈によって乗り越えなければならない。転移は患者への接近を容易にするけれど、場合によってはもっとも強く接近を拒む要因にもなる。まさに両刃の剣なんだ。

フロイトが転移のことを深く認識するきっかけになった事例としては、なんといっても**「症例ドラ」**が有名だ。当時一八歳だったこのヒステリー患者を、フロイトは最後まで治療することができず、結局ドラの拒絶で治療は中断されてしまっている。このケースは、これ自体がすごく重要かつ面白いレポートなんで、興味のある人は是非原典を読んでみてほしい。なかなか複雑なケースなんだけど、ここではごく簡単に紹介しよう。

ドラは裕福なユダヤ人家庭で育った少女。幼少期から呼吸困難や神経性の咳、抑うつなどのヒステリー症状に苦しんでいた。報告の主な登場人物は精力家の父親と目立たない母親、ここにドラがまだ小さい頃から一家と交際のあったK夫妻が加わる。あるときドラは、夫のK氏に散歩中に口説かれ、これを母親に訴えた。ところが当のK氏は、ドラが性的関心が強い少女なので、空想でそんな話をでっち上げたのだと言い張る。怒ったドラは父親にK夫妻とつきあうのをやめるように言うが、実は父親はK夫人と不倫関係にあったので、逆に娘を叱りつけ、フロイトのもとでの治療を勧めた……。いやはや、女性の側からみたら、ドラは完全に、男たちの勝手な欲望の犠牲者だね。でも、ここで残念なのは、フロイトまでもが、結果的に彼女の非をあげつらう側に立ってしまったことだ。

ドラはフロイトとの治療場面で、父親とK夫人の関係を告発するんだけど、フロイトは夢分析などを通じて、ドラがひそかにK氏への欲望を持っていると解釈する。まあ、言い回しは専門的だったんだけど、結局はレイプの被害者に「でも、実はあなた自身もそれを望んでいたのでしょう?」って指摘するようなものだ。これはもう、解釈が正しいかどうか以前に、倫理的に間違った行為だね。今度ばかりはフロイトもセクハラ大将呼ばわりされてもしかたないかも。

でも、前にも言ったように、僕はフロイトを「失敗の天才」と考えている。フロイトの報告事例は、どれもすっきりと治った事例ばかりじゃない。このドラなんて、あきらかに失敗例だ。ところがフロイトは、失敗の経験から、いくつもの画期的なアイディアを発想した。いやほんと、フロイト先生が癒し系の治療名人なんかじゃなくて良かったと思うよ。ドラにはいい迷惑なんだけどさ。

要するにフロイトは、この患者が自分に向けた転移感情を解釈しきれずに、治療に失敗してしまったというわけ。どういうことか。フロイトは失敗した治療を驚くほど謙虚に省みて、おそらくは正しい洞察に至っている。つまり、ドラはK氏に向けたものと同じ感情を、フロイトに向けたのだ。だからこそ、ドラはK氏に対してしたのと同じように、フロイトのもとを立ち去ることで、フロイトに復讐をしようとしたのだ。もしこの解釈を早い段階でドラに告げていたら、治療は新たな局面を迎えていただろう、とフロイトは書いている。

このレポートには精神科医として、僕ならこうする、というツッコミどころが一杯ある。ドラの態度にしても、転移感情とかまで持ち出さなくても、フロイトに対して「このセクハラ変態ロリコン親父は、もうしょうがねえなあ」とばかりに、さっさと見切りをつけて去っていったとみるべきなのかもしれない。でもね、やっぱり転移の問題は大切だ。この問題に無自覚なままでいると、治療者はいつの間にか、とんでもない加害者になってしまうことだってあるのだから。

ドラの例からもわかるように、精神分析がなされる場っていうのは、いろんな欲望がゆきかうところだ。患者の欲望のことばっかり触れてきたけど、実は精神分析家の欲望のほうがもっと問題だったりする。あんまり触れたくない話だけど、でもそういうスキャンダルは多いんだよね、実際。アメリカの精神分析学会なんかでは、治療者と患者のセックスがずっと問題にされてきている。いや、それどころか、転移性恋愛の問題は精神分析の創成期から、精神分析家のもっとも脆弱な部分であり続けてきた。

この章の締めくくりに、有名なスキャンダルを紹介しよう。主役は、**カール・グスタフ・ユング**。そう、元型やコンプレックスといった概念を発案し、箱庭療法や分析心理学の創始者という業績を残す一方で、錬金術やマンダラ、あるいはシンクロニシティといった概念を通じてオカルトファンも大量に味方に付けた精神分析家。毀誉褒貶《きよほうへん》はあれ、現在に至るまで大きな影響力をもたらしているユングを、二〇世紀の偉人の一人に数えたとしても異論は少ないだろう。ところが、このユング氏、とんでもない「影」の顔を持っていた。

ここからはあえて下世話な書き方をするから、ユング好きな人はご容赦を。彼は一夫多妻を提唱し、どうやら複数の患者と性的関係を持っていたらしい。**『秘密のシンメトリー』**（みすず書房）という本を読むと、そのあたりの事情が詳しく書いてある。

「患者」の名前は**ザビーナ・シュピールライン**。ロシアのお金持ちのユダヤ人家庭に生まれた彼女は、もともと想像力豊かな子どもだったんだけど、いろいろな強迫観念に悩まされ、次第にうつ状態や錯乱状態などに陥ることも増えたため、一九歳の時にスイス・チューリッヒにあるブルクヘルツリ病院に入院して、若きユングの治療を受けた。ちなみに彼女は、たいへん頭も良かったので、チューリッヒ大学の医学部に入学し、ユングの指導のもとで学位も取得し、精神科医になっている。

ユング夫妻は当時すでに倦怠期だったらしいけど、ユング自身はいろんな意味で精力的な男性で、とりわけ女性患者を魅了する才能はずば抜けていた。妻のエンマが「女性患者は一人残らず夫に恋します（苦笑）」と言ったほどだ。そしてユングは、自分のそうした魅力を患者に対して隠したり、抑えたりしようとはしなかったんだ。だから患者と愛人関係になることについても、ためらったり悩んだりしなかったんだろうね。そうでもなければ、シュピールライン相手に「一夫多妻（ポリガミー）」を力説したり、自分の日記をこっそり見せたり、「ぼくってユダヤ女子萌えなんだよね」（意訳）なんてあからさまな口説き文句は出てこないはずだ。

そもそも精神科医が患者に自分のプライヴァシーを打ち明けるっていうのは、親密な雰囲気を作るというタテマエはあるにしても、ときには転移誘発のための「口説きのテクニック」になりかねない。その意味で、権力関係を背景にした恋愛関係っていうのは、そのほとんどが発端は転移性恋愛だ。

だからこういう話は、なにも医師—患者関係に限ったことじゃない。アーティストとファンの関係、教師と教え子の関係、みんなそうだね。その全部が全部、ニセモノの愛情だなんて決めつけるつもりはないけれど、ちょっと羨望のこもったイヤミを言わせてもらえるなら「よっぽど釣り堀がお好きなんですね」とか言いたくもなる。

ただ、こういう関係の中でも、やっぱり医師—患者関係の恋愛っていうのは倫理的にどうかと思うよ。その意味でユングが、自分の地位を利用して、患者という弱者を食いモノにしたと批判されても、しかたがないんじゃないかな。

だってユングの後始末ときたら、てんでいさぎよくないんだものね。シュピールラインとの関係がバレて、彼女の両親がユングに娘の貞操を踏みにじらないでくれと手紙を出すんだけど、それに対するユングの返事が、ちょっと信じられないくらいひどい。「ボクはさあ、いままで彼女は友達だと思ったからタダで診てやってたんだよね。でも、男女間の友情って、いつかは一線を越えるもんでしょ？　友達関係が駄目だって言うんなら、ボクの苦労への見返りとして、治療費を払ってもらわないと。あ、ちなみに一回の診察代は一〇フランなんで、よろしくね」（大意）

……はい、完全に居直ってます。そもそもシュピールラインの母親は、金銭の謝礼代わりに贈り物はずっと送ってたんで、もうユング、弁護の余地は全然ありません。さすがに、この手紙にあきれた母親がチューリッヒまで会いに来て、そのあといろいろあって、ユングはブルクヘルツリ病院を辞めている。スキャンダルのせいかどうかはわからないけど、まったく無関係というわけでもないんだろうね。まあ、まだ長閑《のどか》な時代だったから、それでもユングは偉人になれたけど、現代ならこの一件で学者生命は終わってただろうね。

まあ、そういうわけで、精神分析の黎明期には、今でこそ有名なあのひとやこのひとなんかが、こういうトンデモ治療を平然と行っていたわけで。それでなくとも人の心を扱う職業は、わりと簡単に万能感を調達できるところがあって、こういう事態は決して過去のものじゃない。精神分析はそこに「転移」という限界設定をクサビのように打ち込んだ。ひとは万能じゃないからこそ、けっして転移から自由になれない。しかしその転移こそが、治療の必要条件なのだとしたら（ちなみにユングは、転移を必要不可欠なものとは考えていなかった）？　精神分析の営みは、治療者にある種の限界を突きつけながら、常に謙虚さを要求するような、倫理的営みにもなりうるだろう。

Lecture 19 転移・投影・同一化

さて、本章は「転移」の話の続き、後編だ。

人間の心の面白さはいろいろあるけれど、僕はなんといっても、人が人から影響を受けたり、それでいろんな変化が起こったりする現象がいちばん面白い。人が人を好きになるという現象だって、その意味ではすごく興味深い変化だよね。だけど、そんなに強烈な体験じゃなくっても、人間はいろいろと変化するものだ。なかでも転移は、その最たるもののひとつ。なんたって治療にも応用できるくらいなんだから。

これをたとえば、人と人との間で、目に見えない「何か」がゆきかっている、とイメージしてみよう。そうだなあ、さしあたり何かタマシイみたいなものとかさ、漫画好きのキミなら「スタンド」のイメージでもいいや（いや、別にジョジョ立ちとかしなくていいから）。

ラカンによる転移の理解は、ごくおおざっぱなたとえで言えば、人と人との間で「情報」の移動が起こるような事態を意味している。たとえばフロイトは、治療中に起こるテレパシー的な現象について述べているんだけど、ラカンによれば、これは転移が起こった結果として生ずることになるんだね。

たとえば治療中の二人の患者が、転移の結果として、ほとんど同時に同じ症状を示したり、同じ記憶を思い出したりすることがある。これは二人がたまたま、同じ情報のネットワークに組み入れられてしまった結果なのだ、とラカンは説明する。そのネットワークというのは無意識であり、ということは、要するに象徴界のことを指している。このあたりについて、ラカンはちょっとシステム論的な説明をこころみようともしている。

もちろんここで「情報」と呼ばれているものは、別のところでは「知」と呼ばれたりするような言葉の断片のことだ。だから情報理論で言われるような、何メガバイトとかの量として測定できるような概念とは、ちょっとちがっている。ともあれ、そういう「情報みたいなもの」が、象徴界という巨大な「ネットワークみたいなもの」の中を、それぞれの個々人を結び目として、活発にかけめぐっている様子をイメージしてみよう。もちろん、このイメージは、比喩としてもかなり大ざっぱなものなんだけど、それでもラカンによる転移の理解を、ちょっとは簡単にしてくれるだろう。

余談だけれど、こういうテレパシー現象みたいなものを、前回いろいろくさしたユングという精神分析家は「**共時性　シンクロニシティ**」と呼んでいる。「意味のある偶然の一致」って話だね。こんなふうに、偶然をすぐさま意味づけようとする態度は、ユング自身がそうしたように、星座と性格の相関関係を統計的に調べよう、といったオカルティックな姿勢に結びつきやすい。

でも、ラカンはまったく同じ現象を例にとって、これを転移現象のサンプルにしようとこころみた。その偶然に意味があるかどうかは、あくまでもそこにある関係性いかんで決まってくる。もしそこに転移関係があるのなら、あらゆる偶然は意義深いものになりうるってわけだ。ラカンによる転移の解釈は、こんなふうに関係性のダイナミズムを重視するから、単なる意味論を超えて、技法論として有意義なものになるんだよね。

まあ、「みんなは私、私はみんな」というユートピアが好きな人はシンクロニシティを信じてればいいし、「私は存在するのか」という執拗な問いから出発して、あらゆる意味づけを転移性の「症状」として理解したい人はそうすればいい。たぶん、どっちが絶対的真理、なんてことはないんだろう。だからこのあたりは、好みの問題、ということになるかなあ。いや、もちろん僕はラカンのほうを取るわけだけど。

あ、それとついでに言えば、いままでのラカンの議論、この転移問題もふくめて、いきなり仏教の「**空**」論に結びつけたりするのはちょっとカンベンね。たしかに、物事に実体があることを否定していたり、ものとものとの関係（「縁起」ってやつだ）のほうを重視していたりと、一見ラカンと仏教は相性が良さそうに見える。そう、ちょうど「ラカンと**量子力学**」の相性が良いようにね（実はそういうタイトルの本まである！）。

でもねえ、今ここでくわしく話す余裕はないんだけど、「空」論からは、たとえば

「性関係は存在しない」といった、ラカン的なフレーズは絶対に出てこないんだよね。むしろ「空」論は、男女の関係を含めて、一切の物事を関係性において理解しようとするだろう。そこでは性欲は、煩悩の一つではあるかもしれないけれど、人間にとっての特権的な属性ではなくなってしまう。常に「性」を人間という存在の基本とみなす精神分析の発想とは、いちばん最初の出発点からちがうわけだ。まあ、どっちをとるかは、やっぱり「好み」の問題なんだろうけどね。

それじゃあ、人間関係に転移が介在するということを、どう考えたらいいんだろうか。前章を読んで、それは女性患者が男性治療者を愛するようになることだ！　と誤解してしまった人もいるかもしれないね。だから、それだけじゃないってことをまず言っておきたい。

そうだな、僕がはじめて「転移とはこういうことか」と理解した経験について話してみようかな。まだ駆け出しの、研修医時代のことだ。僕は外来で、その日はじめてやって来た中年の女性患者と面接していた。彼女は夫との関係がうまくいかないことに悩んで、うつ状態や不眠が続いていた。彼女の訴えは淡々としており、どちらかといえばその話しぶりは、自分の至らなさを責めるようなトーンだった。

ところが、彼女の夫の振る舞いを聞けば聞くほど、これが実にひどいものなんだね。肉体的な暴力こそ振るわないものの、勝手に外泊して帰ってこなかったり、家に金を入れなかったり、パチンコでたくさん借金を抱え込んだり。で、僕はもちろん彼女に対して、まず現実的な対応策を勧めたくなった。つまり「まずこの旦那をなんとかしろ」と言わずにはおれなくなった。なぜなら、彼女はあまりにもそのことに無自覚に思えたから。

でも、ちょっと考えてみよう。なるほど、いま目の前で話している彼女は、夫のひどさに十分気づいていないのかもしれない。でも、本当にそうだろうか。僕の言葉は、もちろん僕の口から話しているんだけれども、彼女の言葉を聞いたら、かなりの人がそういうアドバイスをしたくなるのじゃないだろうか。そう考えると、僕の言葉は僕自身のものというよりも、実は彼女に語らされていると考えるべきじゃないだろうか。

しかし、彼女自身は本当に、自分の問題のありかに気づいていないようにもみえる。だとしたら正確には、僕と彼女との関係性において、無意識のうちに僕に何かが伝達され、それが僕の口から語られたと考える方が正確なんじゃないだろうか。つまりこれが、自ら語っているつもりで、象徴界によって語らされているということなのではないか。少なくとも僕はこのとき、はじめて自分が何ものかによって語らされる存在なのだ、と自覚することができた。なるほど、僕は確かに、世界の結び目のひとつに過ぎなかったのだ。

もちろん初診の患者だし、まだ転移性恋愛なんて生ずるほど治療関係も深まっていなかった。でもそのぶん、よりシンプルな形で、ラカン的な意味での転移がこんなふうに起こるという「感じ」くらいは持ってもらえたんじゃないかと思う。ポイントはふたつ。複数の人が関係を持つこと。そして、その関係性の中で、能動的と思われていた行為が、ほんとうは受動的なものだったことに気づかされること。たとえばそういう瞬間に、確かに転移が起こっていると言うことができるんだね。

（※ちょっと補足。このエピソードは通常は「転移」とは呼ばれないだろう。むしろ「投影性同一視」、みたいな解釈が一般的かもしれない。あえてこのエピソードを出したのは、構造的にシンプルでラカン的な意味での転移を説明するにはちょうど良いと思ったからだ。）

前の章でも話した通り、精神分析っていうのは、この「転移」抜きには成り立たない。ラカンもフロイトと同様、転移をすごく重視していたことは前回話したよね。彼によると、もはや転移抜きでは精神分析は不可能だし、転移の経験なくしては、精神分析家になることとすらできない。そのくらい大切な概念なんだ。ひさびさに、ラカンの言葉をいくつか引いてみよう。

・精神分析の始めにあるのは、転移である。
・転移はつねに、分析家のさまよいと導きの機会を示す。

・転移を支持するのは、知っていると想定される主体である。

まあここまでは、「転移の大切さ」ということで理解できるよね。

さらに言えば転移というものは、いろいろな意味でパラドキシカルな現象でもある。

・精神分析家が転移そのものに介入するのは、転移によって与えられた位置を通じてである。

・転移の解釈は、転移そのものを土台として、またそれを手段としてなされる。

転移をよく知るためには、あらかじめ転移が起こってなくちゃならないってわけだ。ちょっとしたパラドックスだよね。転移現象をうまく治療に利用するためには、まずそれが起こっていることをみとめることが前提だって言うんだから。これは言い換えるなら、転移が起きているか否か、それ自体は客観的には確かめられないってことになる。なぜなら転移の存在は、それがあらかじめ存在しているという前提なしには知ることができないんだから。つまり、転移を話題にした時点で、人はすでに転移の磁場のなかにいるということだ。

・転移が**リアリティ**を生み出す。
・**転移の転移**は存在しない。

こうなると、ちょっと難しくなるかな。でも、転移がリアリティをもたらすのは、それが擬似的な感情であると頭ではわかっているにもかかわらず、やっぱりリアルな恋愛感情にしか思えないような場合を考えてくれればいいかもね。恋愛に限らず、憎しみなんかもそうかな。「転移の転移は……」っていうのは、転移を可能にするようなにものかがあるとして、その転移はない、つまり「メタ転移」は存在しない、ということを意味している。う〜ん、ちょっとわかりにくいね。たとえば、ある感情が転移によって生じているとして、「これは転移感情だ」という理解そのものは転移しない、ということだ。

僕はこれを応用して「関係の関係は存在しない」という命題を導いたことがある。これは、もうひとつの有名な言葉、「**メタ言語**は存在しない」っていうのに近いかな。転移や関係を媒介するのは、常に言語だ。言語にはそれを基礎付けるもの、すなわち「メタ言語」が欠けているとラカンは言う。言語はシニフィアンという音のイメージの連なりであり、その根拠をそれ以上遡ることができないからだ。

このテーゼは、ラカンを考える上では、かなり大切なことだ。ラカンの精神分析が**シ**

ステム論といちばん対立するのもこの部分。だって、たいていのシステム論は、システムの階層関係抜きには成立しないんだから（オートポイエーシス理論とか特殊なものは除くけれど）。

ふつう、システムというものは、上位システムと下位システムとの階層関係で成立している。学年∪クラス∪班みたいな感じにね。人間の神経系もそういう仕組みになっている。ところで、「こころ」が面白いのは、階層のある神経系の上で立ち上がっているソフトウェアのくせに、階層関係を持っていないから。いや、持つんだと主張する人もいっぱいいるけれど、ラカンはそれを否定しているわけ。で、僕もそれに賛成する派。というか、ここ否定したらもうラカニアンとは言えないからね。

まだしっかり検証するのは難しいけれど、僕のカンでは「階層性のある神経系」と「階層性のないこころ」の組み合わせを考えるほうが、ずっと議論が面白くなるような気がするんだな。これについては数学者の**ロジャー・ペンローズ**が面白いことを言っていて（『皇帝の新しい心』みすず書房）、彼によると、無意識にはアルゴリズムがあるけれど、意識にはアルゴリズムがないらしい。普通は逆に考えるよね。でも、僕はこの言葉と、こころの非階層性っていうのは、しっかり対応していると思えてならないんだ。

階層性っていうのは、情報を合理的なアルゴリズムに従って処理するうえではとっても効率がいい。だから、こころにもし階層性があったなら、もうちょっと合理的に動いてくれそうな気がするんだ。人間関係にしても、もっと理にかなった関係ばかりになると思うし。そうすれば、自分自身を嫌いになったりとか、自分を傷つける人を好きになったりとか、そういう非合理的な心の動きは、もっと減らせるはずなんだよ。でも実際には、僕たちはすごく非合理な心の動きやとんでもなく理不尽な人間関係を受けいれながら生きている。

もっとも、こういう非合理性は、昔よりはずっと緩和されたと思うよ。なぜかって？いまはほら、「**情報社会**」という幻想が、圧倒的に力を持っているからね。僕の考えでは、現代社会は「**コミュニケーション幻想**」と「**情報幻想**」が、歴史上かつてないほど広くゆきわたった特殊な社会だ。そこではあらゆることが情報化され、情報化されたものは必ず流通（コミュニケーション）させられる、と信じ込まれている。でも、そんな幻想によって失われるものも多いはずだ。そう、たとえば「**関係**」がそうだね。いまは関係を確立したり、それを意識したりするよりも、とにかく「**コミュニケーション**」しなくちゃはじまらない、って世の中だから。だからホントは嫌いなんだよ、コミュニケーションって言葉。

いや、もちろん「話し合う」ことは、とても大切だ。僕だって臨床家としては、「会話」を特別に重視している。ただ、コミュニケーション幻想をまともに受け止めすぎると、会話なしには関係性が成立しないかのような錯覚に陥ってしまうんだよね。実際にはそうじゃないのに。

日常生活の中では、会話がほとんど交わされていなくても、なんらかの関係性が成立してしまうことは珍しくない。たとえば「一目惚れ」がそうだ。会ったこともない作家やアーティストのファンになってしまうことも、珍しいことじゃない。でも、それだって一種の「関係」だ。

そもそも人間の心には、ほとんど情報も接点もないのに、まるでその相手と強い関係があるみたいに感じられるような機能が備わっている。関係がないのに関係を作ってしまう働き。それがたとえば「転移」であったり、あるいは「**投影**」とか「**同一化**」などと呼ばれるような現象だ。それじゃあ、こういう関係を成立させているのは、果たして「情報」なんだろうか。僕はそうじゃないと思う。

ちなみに、「投影」や「同一化」っていう言葉は、けっこうよく出てくるわりには、まだちゃんと説明してなかったね。ついでだから、ここでざっと解説しておこう。

「投影」というのは、自分の中にあることに気づかなかったり拒否したりしたい資質、感情、欲望、あるいは対象なんかを、自分自身から取り除いて、他の人や物に押しつけてしまう作用のことだ。自分の中の感情なのに、まるで相手の感情みたいに感じたりとかね。たとえば自分が腹を立てているのに、まるで相手が怒っているように感ずるような経験は誰にでもあるだろう。これも一種の投影の作用だ。あるいは、ゆれるスキの穂に恐怖心を投影すれば、恐ろしい幽霊が見えたりもする。こんなふうに「投影」されるのは、たいてい自分では認めたくない感情（怒り、恐怖など）であることが多い。

実は投影のように「内面にあるものを外の対象に映し出す」ことは、もっとも基本的なこころの働きのひとつだ。もちろん「転移」にもそういう側面がある。ところで、「投影」で「映し出されるもの」は、「自分の中にあって認めたくない、排除したい感情」だった。じゃあ「自分の中にある良いもの」が映し出されることはないんだろうか。

もちろんある。こちらの場合を「同一化」と呼ぶんだけど。

たとえば、犬や猫などのペットをわが子のように可愛がる人は、ペットに「同一化」している。映画に夢中になって、すっかり主人公になりきっているような場合は、主人公に「同一化」している。ここでいう「同一化」については、こういう「感情移入」や「思い入れ」なんかと同じように考えてくれて構わない。いずれの場合もペットや映画の主人公などに「自分自身」、とりわけその良い部分を映し出しているからだ。

さっきも話したように、ラカンの転移に関する発言においては、転移がまるで「情報」の流通みたいに描かれている。これに関連してラカンが言った言葉に「**知っていると想定される主体**」という有名な言葉がある。これは治療中に転移が起こり、その結果、患者が治療者のことを、まるで全知全能の存在であるかのように感じはじめるような事態を指している。そう、「このひとこそ、自分の欲しいものを持っているひとだ！」という感覚ね。もちろんそれは事実ではないんだけど、そう感じられるからこそ、転移の感情は保たれていく。その意味で、これは治療上、とっても大切な感情ではあるんだ。

そう考えるなら、けっこうこの感情、みんなにも覚えがあるんじゃないかな。尊敬できる先生、とかみたいにね。先生は尊敬できないけど、尊敬できる作家や思想家、アーティストならいる、という人だって多いはずだ。でも、その「尊敬」は、本当にその対象のことを正確に理解したうえでのものかどうかは、かなり怪しいはずだ。なぜなら、そこにはしばしば、一種の「過大評価」が入り込んでしまうからだ。その意味で、まるで相手が全知全能であるかのように見えてきたら、ちょっとこれは要注意かもしれない。

ひとごとじゃない。僕にだって覚えがある。

たとえば精神科医としての僕は、かつて書物を通じて知ったN先生という精神科医に対して、一時そのような感情を持っていた。もちろん僕は、本を通じてしかN先生のことを知らない。でも、文章や音楽を通じてでも転移は起こる。太宰治ファンや尾崎豊ファンをみてもわかるとおり、ときには相手の生死すらも関係ないくらいだ。ともかく、僕はまだ若かった頃、この先生の本をたくさん読んで、ほとんど心酔したってわけだ。精神科医としてのみならず、文章家としてもこれほどの人は、日本にはもう存在しないのではないか。その証拠に、N先生の本を読むことは、まるで未踏の原生林を歩くような経験だった。今思えば、一行読むごとに未知の知識にぶつかるような博識ぶりに、心底圧倒されていたんだろうね。

余談だけど、僕は精神科医として「知識の型」に関心がある。だから少々の博識くらいじゃ驚かない。少なくとも、その知識を獲得する過程が容易に想像できる限りにおいては、「圧倒」されることはない。ところがN先生の知識体系は、そうした勘繰りをしりぞけるほどに凄いもののように感じられた。そう、まさに僕はN先生に転移し、N先生こそが自分にとって、全知全能の治療者であるかの如く感じ入ってしまったというわけだ。

ちょっと自己弁護しておくと、この先生は実際、転移を呼びさますような「伝説」が多い人だった。一度みたものはすべて記憶するという「直観像」という特異な才能を持ち、数カ国語を自在に読み、なかでもニューギニア語を三日で修得して学会発表を行ったというエピソードには仰天させられた。精神科医としても、著書のみならず、いくつもの治療法や検査法を「発明」している。ギリシャ詩やフランス詩の訳業まである。ここまで書けば、もう誰のことかわかったよね。

で、その後、光栄にもご本人におめにかかる機会があったり、こうして転移の知識を深めたりするにつれて、僕の気持ちはもう少し冷静なものになっていった。もちろんいまでも、僕がもっとも尊敬する精神科医の一人にはちがいないけれど、さすがに全知とまでは思わない。一時の熱狂が醒めて、一定の距離感とともに先生の仕事を眺めることができるようになったというか。でも、ときどきこう考える。精神分析にもくわしいN先生だけに、自分のファンをうまいこと冷静にさせるように誘導したんじゃないかってね。そんなふうに思っているうちは、まだ転移はくすぶり続けているってことなのかもね。やっぱり先生の著書に自分の名前があったりすると、なんというか、欣喜雀躍《きんきじゃくやく》、みたいな感じになるしなあ。

とまあ、たとえばこういう感情が「転移」であるとして、ラカンの転移論っていうのは、一体どういうものだったのか。ラカンには「主体の不均衡からみた転移」っていう有名な論文がある。そう、例の**プラトン『饗宴』**を引用したやつだ。これにもとづいて、もう少しばかり解説してみよう。

アガトン、アリストパネス、ソクラテスらが、エロスをめぐって談義をかわしていた酒宴に、すっかり泥酔したアルキビアデスが乱入してきた。アルキビアデスっていうのは、有能な軍人にして政治家のエリート青年ね。彼はかつて、ものすんごい美少年としても知られていた。で、同性愛者でもあった。もっともギリシャ時代に同性愛者であることは、なにも特別なことじゃない。アルキビアデスはソクラテスのことが大好きだった。それで、いろいろと手練手管（ってなんだろう?）をつくしたんだけど、ソクラテス（彼も同性愛者だ）は結局、彼の誘惑をしりぞけることになってしまった。はじめはまんざらでもなかったらしいんだけどね。

これは一体、なぜなんだろうか。

ラカンによれば、それはソクラテスが、アルキビアデスの恋心が転移性のものであることを知っていたから、ということになる。アルキビアデスはまさにソクラテスを「知っていると想定される主体」とみなしてほれ込んだ。彼はソクラテスの中に、まるで輝くばかりの宝物があるように感じていたんだ。しかしこの輝かしい対象――ラカンはそれを**「アガルマ」**と呼ぶ――は、実はソクラテスの中には存在しない。

アルキビアデスは、本当は詩人の美青年アガトンに恋していた。だから、アガトンを褒めたたえるソクラテスの言葉のうちに、みずからの理想とするアガトンのイメージを見出していたんだね。つまりアルキビアデスは、ソクラテスの「アガトンへの欲望」を欲望していたってわけだ。「アガトンが好きなソクラテスが好き」って感じかな。

でも、そうだとすれば、アルキビアデスのアガルマへの欲望は、本当は空虚なものに対して向けられていたってことになる。なぜかって？

さっきも言ったように、アルキビアデスが求めたのは「ソクラテスの欲望」だ。それはアガトンへの欲望であると同時に、「知への欲望」でもある。ただし、ソクラテスの中に、データベースみたいな「知」の実体があるわけじゃない。むしろそこに欠けているからこそ、それを欲望することが可能になるんだ。だから、アガルマ、すなわち「知への欲望」とは、要するにソクラテスの中の空虚な部分のことを指していた、ということになる。もうわかった人もいるかもしれないけれど、この空虚な「アガルマ」こそが、あの「**対象a**」なんだ。対象aとしての「知への欲望」を欲望すること、ここにこそ「転移」現象の一つの本質がある。

ちょっと脱線するけどいいかな？　僕は基本的に、人間が人間を教育することなんてできないと考えている。人が人を変えるようにみえるのは、変わりたい人間と変えたい人間がたまたま運良く出会った時くらいのものだ。

あの地動説の**ガリレオ**がこんなことを言っている。「他人になにかを教えることなどできない。できるのは、自力で発見することを助けることのみだ」とね。これなんか、すごくよくわかるな。このガリレオの言葉は、教育はおろか、転移というものの本質にすら射程が届いている。「発見を助ける」ってことは、発見したいという欲望、つまり「知への欲望」を、転移を通じて伝えることにほかならないからだ。

思うに、これってあらゆる「教育」の基本なんじゃないだろうか。のぞましい教育っていうのは、ただ知識や情報を子どもに詰め込むことじゃない。すぐれた教育者は、ほどよい転移関係の中で、相手に「学ぶ姿勢」（これもまた「知への欲望」のひとつだ）を伝染させることができる人のことだ。

よく、「算数や社会が将来なんの役に立つの？」という疑問を口にしたがる人がいる。その気持ちはわかるけど、でも肝心なのは、知識そのものじゃないんだ。人間の心っていうのは、自然体のままでは、しばしばかたくななものになりがちだ。学校の勉強というのは、子どもたちの堅い蕾のような心に、いろんな形の好奇心（＝「知への欲望」）をインストールして、柔軟なものにするところに意味がある。だから、本当は学校で習ったことなんて、内容は全部忘れたっていいんだ。

これは子育てだって同じこと。しつけ、つまり命令や指示だけで子どもが言うことを聞いてくれるのは、せいぜい小学校低学年くらいまでだろう。思春期を過ぎた子どもには、もうそんな方法は通用しない。子どもに倫理観や社会の常識をしっかりと持ってもらいたければ、まず親が倫理的・常識的に振る舞ってみせなければいけない。つまりそういう方法で、倫理や常識への欲望を、子どもに伝えていくしかないんだね。

考えてみれば、僕がN先生から一番影響を受けたのも、「患者にとって良い臨床家でありたい」っていう欲望の部分だったかもしれない。治療の中で、患者に腹を立てたり、話を聞くのが面倒になったりしたときに、僕は反射的に「N先生だったらどうするか」を思い浮かべてしまう。臨床家としてのN先生の影響は、やっぱりいまだに大きいんだなあ。

さて、『饗宴』に話を戻そう。こんなふうにソクラテスへの転移が起こりうるのは、アルキビアデスとソクラテスの二人が、ともに象徴界のネットワークによって支えられているからなんだよね。その意味では二人とも、まるで**シニフィアン**の海の中をただよっていく、クラゲみたいな存在だ。このシニフィアンという一種の物質を通じて、「情報」ならぬ「欲望」の伝達が可能になる。それはちょうど、同じ媒質中におかれた二つの物質が、共振を起こして響き合っているようなイメージに近いかもしれない。

（※これを言いかえるなら、象徴界にきちんと参加していなければ、転移は起こらない、ということになる。ここで思い出すのが、フロイトが精神病の患者には転移が起こらない、と指摘したことだ。実は僕も、そう感じることがたびたびある。ここにはLecture 15でも説明したように、精神病では象徴界が故障する、という事情と深い関係がある。）

　さて、このラカンによる『饗宴』の解釈、君にとってはリアルなものに感じられたかな？　あるいは、どこかトンデモな臭いを嗅ぎつけてしまったかな？　もし少しでもリアルに思えたのなら、君には精神分析のセンスがあるよ。

　いま精神分析を語ることに意味があるとすれば、それは第一に「こころと情報は対立する」ということを、はっきりと主張するためだ。こころは情報化できないし、メディア論では語れない。そして僕らはこころを持ち、言葉を語り、転移によって関係を持つことができる存在なのだ。

　言葉といい転移といい、人間のこころってやつはどういうわけか、「情報」を伝えあうためには、ひどく効率の悪いシステムになっている。感情や知識が、光ファイバーみたいな回路でさくさく伝えられたら超便利なのにね。でも、その便利さにはどんな意味があるだろう。

僕は、こういう不便さにこそ、ちゃんとした意味があると思う。おそらく、ただ生きるだけ、つまり食べて生殖して死ぬだけなら、「こころ」も「言葉」もいらないはずだ。でも、幸か不幸か、なんの因果か、僕らは「こころ」を持ち、言葉を語る存在だ。

これはおそらく、僕らの高くなりすぎた知能にタガをはめるために必要とされたんだと思う。人間の知能は、欲望や目的で制約を設けなければ、完全に世界を覆い尽くしてしまいかねないほどに高まりすぎた。他の生物との共存をはかるためにも、人間は知性を犠牲にせずに、ある種の愚かさを手に入れる必要があったのだ。それが「こころ」という、いっけんとっても不便な贈り物だったのじゃないだろうか。

「こころ」の不便さには、ほかにもいくつかの良い点がある。もし非階層的で不合理な動きを持つ「こころ」がなかったら、僕らの脳と脳は互いに理解しすぎてしまうだろう。それはきっと、脳と脳とが融合してしまうくらい、深い理解となるだろう。個人の脳はサブシステムとして、より大きな集合的知性の一部となって、「人類の発展」をたすけるだろう。

でも、考えてみてほしい。いったい誰が、そんな世界を望むのか？　僕たちは「人類」などとまとめて呼ばれる前に、自分自身の、世界でたった一つの名前で呼ばれることを、まず望むんじゃなかったのか？　もしそうであるなら、「こころ」は役に立っているよ。なぜって、こころがあるせいで、僕たちの脳がくっつきあって、すっかり融合してしまわずに済んでいるんだから。

確かに僕らはこころのせいで、愚かしい欲望を抱き、不合理な衝動に身をゆだね、ばかげた関係性に身を投じる。きっと性愛が無かったら、僕たちは天井知らずに賢くなれたことだろう。でも、その賢さにはどんな意味があるのか？　何の意味もない。僕らはしばしば、怜悧な知性よりも性愛の快楽を選んでしまう程度には愚かしい。しかし、その愚かしさゆえにこそ、僕らは転移しあい、関係しあい、つまり愛しあうことができるのかもしれない。

そういう僕たち一人ひとりの「愚かしさ」を理解するためにも、精神分析という偉大な発明は、かたちを変えて生き延びるはずだ。そう、変わ
れば変わるほど変わらない、この愛すべき「人間」とともにね。

精神分析の倫理　あとがきにかえて

　この本を書きながらずっと考えてたんだけど、やっぱり精神分析って、いろんな意味で「日陰の学問」なんだよね。

　いや、別にひがんでるわけじゃなくて、現実問題としても、いまどき大学の医学部で精神分析の講座を持つところなんて数えるくらいしかないし。最近は精神科も生物学的な研究が主流だから、これは仕方ないんだけどね。でも、心理学のほうからも非科学的と批判されたりするし、精神分析なんかやっていても、アカデミズムの中では実に肩身が狭いんだ。ましてラカニアンはもっと居場所がない。日本のラカニアンを代表するような研究者の多くは在野のままだ。

　でも、考えてみたら、もともと精神分析は、その出自からしてアカデミズムのうんとはじっこか、その外側から生まれたような「学問」なんだ。リベラル・アーツがアポロン的とすれば、精神分析はディオニソス的という感じ。そういえばフロイトもラカンも、生涯在野の臨床家だったわけだし、精神分析を日本にはじめて紹介・実践した**古沢平作**も大学とは縁がなかった。こころなしか、特にラカニアンにはそういう「はじっこ好き」というか、いやいや、あえて在野にとどまる気概を持つ人が多いような印象もあるんだよね。まあそもそも、「勝ち組」向けの学問じゃないってことだ。

ラカニアンはしばしば――ジジェクの本のタイトルを真似て言えば――「斜めから見る」ような視点をとりたがる。そう、シニシズムや、ちょっと斜に構えた皮肉屋の立場だね。彼らはどんな常識も、いったんはひっくり返してみないと気が済まない。おまけにラカニアンにかかれば、善意も悪意もすべて自己愛と欲望の産物ってことになるし、人間の性格や行動はほとんど「**症状**」扱いだ。だから嫌われるのもしかたないかなあ。ここでちょっと弁護しておくと、ラカニアンは基本的には愛の人だ。ただちょっと、その愛が普通じゃないだけなんだ（……えっと、これで弁護になったかな？）。

ところで僕は、もともと「**ひきこもり**」が専門なんだけど、ラカン理論を学んでいて、面白いことに気がついた。ラカンを使うと「ひきこもり」への見方が百八十度変わってしまうんだよね。だって、何もしないで自分を責めてばかりいる「ひきこもり」の状態こそが、もっとも「症状」の少ない、つまり人間本来の状態、ということになるかもしれないんだから。ただし、「本来の状態」が「健康」とは限らない、っていう注釈がつくけどね。

ラカニアンは、「**健康**」や「**幸福**」が忘却によって成り立つと考えるから、それもまた自己愛的な症状と言われかねない。むしろ自己への懐疑をかたときも手放さず、えんえんと自問自答をくりかえすばかりで行動に踏み出せない人間こそが、神経症的主体の典型、ということになるわけだ。

　でも、こういう視点からじゃないと、決して見えないものがあることも事実なんだよね。たしかにラカニアンはシニカルな態度をとりがちだけど、必ずしも悲観主義というわけじゃない。むしろこのごろの風潮として、正論やベタな倫理観はみんな馬鹿にして相手にしないけど、そのぶん斜に構えたシニシズムやメタポジションからの悲観論は、あっさり受け容れられすぎているきらいがあると思う。ラカンの視点は、いったんすべてを欲望という形式でとらえようとするから、そういう単純な価値判断には巻きこまれにくいんだ。

　なるほど、確かにラカニアンは「欠如」とか「排除」のほうを重視しすぎているのかもしれない。僕もほんとうは、「主体が存在している」という主張と「主体は欠如している」という主張のどっちかが絶対的に正しい、と考えているわけじゃない。

　ただ、分析という切断的行為をするさいには、「欠如した主体」から出発したほうが、なにかと都合がいいんだ。分析する側の視点がぶれにくいし、なにより創造的になれるように思うんだよね。じっさい、治療しているときなんかも、いろんなアイディアを思いつきやすい。臨床現場での創造性って本当に重要なんだよ。もちろん思いつきをすぐに実行したり患者に話したりはしない。でも頭の中を複雑にして、創発性の高い状態を維持しておくには、ラカンの思考形式がけっこう役に立つんだ。

もちろん臨床場面ばかりじゃない。僕は副業で評論や批評の文章も書くけれど、この場合もラカン理論はとっても使い勝手がいい。もっとも、こういう活動はジジェクを筆頭としていろんな人が試みているから、僕がことさら言うまでもないことだけど。

ここでも僕がラカンの理論を信頼するのは、これさえあればなんでも切れるという鋭利さのためばかりじゃない。

理論が人をひきつけるのは、とりあえずその理論がいろんな現象を鮮やかに説明してくれたり、「わかった!」という快楽をもたらしてくれる場合だよね。ただ、こういう理論の誘惑って、実はけっこう危険なところもあるんだ。だって考えてごらん、統一教会だってオウム真理教だって、ヤマギシズムだってそうだけど、どんなカルトも教義、つまり理論を持っている。で、カルトの信者は、そういう理論があらゆることに答えを出してくれるかのような「正しさ」に惹かれるわけだ。理論の「わかりやすさ」や「正しさ」ゆえの魅力は、こんなふうにカルトにも通ずるところがある。

ラカン派に対しても教祖ラカンを崇めたてまつるカルト、みたいな言い方があるのは知っているけど、僕は賛成できないな。はじめのほうで書いたけど、僕はまっとうなラカニアンじゃないし、そもそも精神分析家ですらない。でも、ラカンの理論はほぼ全面的に信頼している。それはなぜか。

僕がある理論の信頼性をはかる尺度はこうだ。「わかればわかるほど、わからない」。

どういうことかって？

ラカンがわかりにくいのはもうよくわかったよね。でも、一気にすべてがわからないにしても、ものすごく腑に落ちる部分もあったりして、それはそれで魅力的だ。だんだん読み込んでいけば、もっとわかる部分がふえてくる。ただ、「ラカンがわかる」っていうのはちょっと奇妙な現象でね、知れば知るほど謎が増えていくような経験でもあるんだよ。もちろんそれは、あの謎めいた語り口のせいでもあるんだけどね。

ラカンがわかるってことは、自分にとっての世界のありようが変わる経験でもある。ただ、それは必ずしも「世界のすべてがわかった！」みたいな意味じゃない。「この世界は、こんなにも謎に満ちていたのか！」という、新鮮な驚きの経験なんだ。

見通しのきかない夜の闇を一人で歩くのは危険だし怖いよね。でも、もし暗視ゴーグルがあれば、かなりましにはなるだろう。もちろんゴーグルをつけても、すべてが見えるようにはならない。でも、かすかに明るい所と、本当に暗い所の区別はつくようになる。もうわかったよね。ラカン理論はこのゴーグルみたいなものだ。見通しはよくしてくれるけれど、完璧な地図をくれるわけじゃないし、カーナビみたいに耳元でガイドしてくれるわけでもない。ただ、謎のありかを発見しやすくはしてくれるというわけだ。

僕が一時期ユングにはまりかけたことは前に話したけど、結局ユンギアンになりそこなったのは、この「わかる」というベクトルがラカンとはぜんぜん違っているように思えたからだ。とくにシンクロニシティ方面からはまると、本当に世界のすべてがわかったかのような錯覚に陥ってしまう。誰でもそうかはわからないけれど、少なくとも僕はそうだった。今にして思えばね、このわかり方そのものが、どこかカルトやオカルトっぽい感じだ。それがユングのせいなのか、僕の読み方が悪かったせいなのかはわからないけどね。

さてもうひとつ、僕がラカンを強く支持するのは、その明快な倫理観のためでもある。それはどんなものか?

たとえばラカンは、こんなふうに言っている。

「罪があると言いうる唯一のこととは、少なくとも分析的見地からすると、自らの欲望に関して譲歩したことだ」

またしてもまわりくどい言い回しだね。これ、ふつうは「欲望に譲歩してはならない」という命題になっている。僕はさらに簡単に「欲望をあきらめてはいけない」というふうに理解しているけどね。

そりゃおかしい、倫理ってふつうは禁欲を説くもんだろう、と疑問に思った人もいたことと思う。それももっともなんだ。取りようによっては、欲望のままに行動して他人に迷惑をかけっぱなしの人がいちばん倫理的、ってことになっちゃうからね。でも、ラカンはまさに、そう言いたいらしいんだよね。おおなんというスキャンダル！

ラカンが倫理のたとえに引用するのは、またしてもギリシャ悲劇、**ソフォクレス**作**『アンティゴネ』**だ。この作品、同じ作者の『コロノスのオイディプス』の続編にあたる。ほら、エディプス・コンプレックスのもとになったあの話さ。それはともかく、例によってあらすじの紹介。

オイディプスは自らの出生の秘密を知り、目を潰した後テーバイを追放され、娘のアンティゴネとともに諸国を放浪する。父の死後、アンティゴネはテーバイに戻るが、彼女の兄ポリュネイケスは隣国の助けを借りて、王位を取り戻すべくテーバイに攻め込むが敗れて戦死。テーバイ王クレオンは、反逆者であるポリュネイケスの遺体を埋葬することを禁じ、野ざらしに放置する。しかしアンティゴネは国法を破り、兄ポリュネイケスの遺体に土をかける。このため彼女はとらえられ、国王クレオンによって死刑を宣告される。アンティゴネは地下の墓所に生きたまま閉じ込められて自害し、彼女の婚約者であったクレオンの息子ハイモンもまた自刃する。

兄思いの戦闘（的）美少女（のはずだ、たぶん）アンティゴネのけなげさが印象的だけど、でも彼女の行為は犯罪だし、考えようによっちゃ単なる迷惑行為だ。でもラカンは、アンティゴネの行為において、精神分析の倫理が体現されているとする。一体なぜ？

この問題についてはジジェクをはじめ、いろんな解釈があるけれど、ここでは「倫理」の問題で一冊の本を書いてしまったラカン派哲学者の**アレンカ・ジュパンチッチ**の解釈を参考にしてみよう（『リアルの倫理』河出書房新社）。

ジュパンチッチによればアンティゴネは、ただ思いこみの強い、ちょっとイタい兄萌え少女なんかじゃない。なぜなら彼女は、生き埋めにされた後で、結婚できなかったこと、子どもを持てなかったことを嘆きはじめるからだ。つまり彼女は、けっこう当たり前の女性らしい欲望を持っていたってことになる。ということは、やっぱりアンティゴネは欲望を諦めてるんじゃ？

そうじゃない。確かにアンティゴネは、世俗的な欲望はかなぐり捨てた。なぜなら、世俗的な欲望には際限がない。欲しかったものを手に入れれば、すぐまた別のものが欲しくなる。そして、そんなものは本当の欲望じゃないんだ。本当の欲望が実現すれば、欲望そのものが終わってしまうはずだ。その意味で欲望の実現は、享楽と一体になること、すなわち「死」にひとしい。アンティゴネは確かに、リアルな享楽を手に入れた。その結果、彼女は死を選ぶほかはなくなった。なぜなら、なにもかも捨てるという行為そのものが、彼女の欲望の実現にほかならないからだ。すごく乱暴にまとめれば、これがジュパンチッチの解釈だ。

なるほど、言われてみれば確かに、アンティゴネは享楽を手に入れたに違いないね。

なぜって、彼女の命をかけた物語は、ギリシャ神話の時代からいまに至るまで語り継がれることになったわけだし、その中でアンティゴネは、悲劇の享楽的成分（解釈の困難な核心部分）を担い続けてきたんだから。つまり、享楽を諦めないってことは、見かけ上はすごく禁欲的、あるいは道徳的な行動にみえたりすることもあるってわけだ。「大欲は無欲に似たり」、っていうことわざを思い出すね。仏教で言えば小乗に対する大乗的な考えというか。

　ここで「精神分析の倫理」の効能について、僕自身の考えも付け加えておこう。別のところにも書いたけど、僕は「欲望に譲歩してはならない」という教えを、「幻想に騙されて欲望が満たされたと錯覚してはいけない」と考えるようにしている。この「幻想」には、さまざまな科学、あるいは心理学の理論や、カルトの教義、あるいはラカンの理論体系そのものも含まれている。まあ要するに、もっともらしい理論や物語を、あっさり信じるなってことだ。

　ラカンもこう言っている。「それがあったところに、私があらねばならない」とね。これはフロイトの言葉である「エスがあったところに自我をあらしめよ」のラカン流の翻案だ。主体がみずからの根源にかえって、本来の姿を取り戻したいと欲望すること。もちろん、それは困難だし、ほとんど不可能なことかもしれない。いろんな幻想が僕らをまどわせ、この欲望をさまたげようとするだろう。それでも、この根源的な欲望をあきらめないことが、精神分析の倫理なんだ。

否定と欠如からはじまるラカンの精神分析は、自分自身を含む、どんな幻想の超越性をも認めない。その意味で、絶対的な真理に確実にたどりつくような方法は存在しないってことになる。ただ、真理へと向かう欲望を受け容れる、さまざまな理論的形式があるだけだ。そういう意味では、形式の正しさをはかるために、この倫理的な公準をメタ理論として使用することもできるかもしれないね。

このことは、さっき少しだけ触れたことにも関連する。つまり、僕にとってある理論が正しいかどうかは、あらゆることへの答えよりも、リアルな問いをたくさんもたらしてくれるかどうかで決まるって話。「わかればわかるほどわからなくなる」のが、倫理的かつ優れた理論の証拠ってことだ。なんにでもすぐ答えを出してくれる理論は、ただわかったかのような幻想をばらまいているだけだ。優れた（「正しい」とは言わない）理論は、まるで欲望そのもののように謎を与えてくれる。一つわかると、また次の魅力的な謎が出現する、という具合に。

さて、いよいよこの本も終わりに近づいた。ここまで読んでくれた君には感謝しなくちゃね。どうだろう、少しはラカンのことをわかってもらえたかな？　精神分析に興味は湧いてきたかな？　こんな表面的なことばっかりじゃなくて、もっとラカンのことを深く知りたいという気持ちになっていてくれたら、すごく嬉しいんだけどな。なぜならそれは、僕の欲望が君に転移した証しだから。

啓蒙書に完璧はないってことはわかっているつもりだけど、語りきれなかったことはずいぶんある。でも、僕がどんなふうにラカンを理解し、どんなふうに活用しているかについては、けっこうくわしく書いたつもりだ。文体も徹底的にベタなものにしたから、とうぶんはこの自称「日本一わかりやすいラカン入門」って看板を下ろすつもりはない。まあそれが自慢になるかどうかは、よくわからないけどね。

それにしても、ウェブ上でこの連載をはじめてから、もう六年くらいの年月が経ってしまった。ようやく本の形にできてほっとしたけど、あんまり長くかかったんで、最初のほうの内容が古くなったり（「３２６」とかね）担当編集者が会社をかわっちゃったり、色々あったなあ。

最後の最後は、第一の功労者であるバジリコの担当編集者、安藤聡さんへの感謝で締めとします。何度も締め切りの約束を破ったり、深夜までファミレスでの執筆につきあってもらったりして、本当におつかれさまでした。辛抱してもらった甲斐あって、まずまず納得のいくものができたつもりです。ありがとうございました。

文庫版　あとがき

このラカン入門を出してからもう五年になるけれど、どうやら僕が予想した以上に広く読まれたようだ。いまも新しい読者を獲得しているようで、素直に嬉しい。先日は某大学の卒業生から「授業のテキストとして教わった」という話も聞いた。さすがに大学の教科書になるとは思ってもみなかったけどね。

なかば冗談で書いた「日本一わかりやすいラカン入門」という自画自賛も、意外にそのまま受けとって下さる方が多くてありがたい。そりゃさすがに「中学生でも読める」は誇大だったかもしれないけれど、あの難解なラカンにアプローチするためのハードルは、ちょっとは下げられたんじゃないかな。

というわけで、このたびめでたく文庫化もされたことだし、まだしばらくは「日本一わかりやすい」の看板は下ろさずにおこうと思う。

もちろん「あのラカン」について書いたわけだから、叩かれることは覚悟の上だった。なにしろラカニアンの舌鋒の鋭さについては僕自身、いろんな場所で経験済みだからね。でも、予想していたよりは批判は少なかったかな。

まあでも「こんなにわかりやすいものはラカンじゃない」的な指摘はいっぱいあった

けどね。でもそれは完全に想定内。僕はラカニアンとしてはそうとう異端な「ラカン萌え」「ラカン愛好家」なので、ラカンが難解かつ深遠なるパフォーマンスを通じて何がしたかったとかの真意については、あんまりこだわるつもりはないんだ。ラカン理論（特に中期）のざっくりしたフレームを、自分の思考や発想の補助線に使えればそれで十分、と思っている。

「ラカンって名前よく耳にするけど、要するに何をした人なの？」という素朴な疑問に、できるかぎりベタに答えてみたかっただけだ。いいじゃない、教養としてのラカンで。どうせみんなが精神分析家になるわけじゃないんだから。

もうひとつ付け加えておくと、ラカン的な難解さって、わかりだすと一気に理解が進むよね。この「わかった！」がくせ者で。こういう急速な理解ってさ、「私だけがわかるラカン」みたいな特権意識とか、擬似的な転移感情につながりやすいんだよね。僕は個人的に、こういうハマり方は副作用も大きいと思うから、ベタな入門書で免疫をつけてもらおうと思ったってこともある。

とはいえその一方で、ラカン理論の可能性はまだまだ汲み尽くされていないし、時代と共にその正しさがいっそうあきらかになったと僕は考えている。でも、ラカンその人をすごく尊敬しているのかと言われれば、なかなか微妙なものがあるんだよね。

ラカンという人は不思議な人で、性格が最悪なのに理論は最高という、なんというか、ちょっとマッド・サイエンティスト的なところのある人だったように思う。僕がよく連想するのは、『羊たちの沈黙』のレクター博士だ。頭脳明晰で博覧強記、典雅な趣味。しかし性格はといえば自己中心的で傍若無人。やや極端に言えばそんな感じだ。

エリザベト・ルディネスコの書いた『ジャック・ラカン伝』（河出書房新社）なんかを読むと、ラカンのそういう非道な部分もよくわかるよ。すごく長くて厚い本だけど。

僕はこの本の中では、患者と関係してしまったユングをからかい気味にくさしているけれど、ラカンだって決して品行方正の人物なんかじゃない。患者と関係こそしなかったようだけれど、愛人だの不倫だのとそれはもう不道徳のきわみ。まことにもってうらやまけしからんドンファン振りなのだ。

まあ実際男っぷりも良くてファッションセンスもあったというから当然と言えば当然なんだけど。裕福で野心家のフランス人に貞潔を求める方が無茶ってものなんだろうね。

作家のジョルジュ・バタイユの妻で女優のシルヴィア・バタイユとの不倫関係はあまりにも有名だけど、博士論文の審査会に愛人二人をそろって招待したり、妻とのスペイン旅行中に愛人に長い手紙を書き綴ったりと、まあかなりのリア充……というか放埒な人生だ。

それじゃあ患者に対する態度はどうだったかと言えば、こっちもおおいに問題ありだったりする。

この本の中でも紹介した「エメ」って症例を覚えているかな。ラカンは彼女のケースレポートを「人格との関係から見たパラノイア性精神病」という論文にまとめて、これで学位をとっている。ルディネスコによれば、彼女との出会いはラカンにとって、精神医学から精神分析へと進む重大なきっかけだったらしい。それほど重要な出会いだったにもかかわらず、ラカンが彼女にしたことがまた、けっこうひどいんだ。「かれは執拗な貪欲さを発揮して、マルグリット（「エメ」の本名）から文章と、写真と、半生のすべての歴史をかすめとり、なにひとつ彼女に返さなかった」とのこと。どうせ犯罪者だしこのくらい役得でいいじゃん、とでも思ったのかな。なんにせよラカンがいかに自己愛的で、しかも自己中だったかがよくわかる話だね、いやはや。

ちなみに、ラカンのそういうダークサイドをめいっぱい強調してレクター博士なみのキャラクターにしてしまったのが、笠井潔氏の最新作『吸血鬼と精神分析』（光文社）。この本に登場する巨大な黒幕ともいうべき精神分析医ジャック・シャブロルは、なんで偽名にしたのかよくわからないほど、まんまラカンそのものだ。

ほんらい精神分析とミステリーって、相性が良くないんだよね。京極夏彦氏も『狂骨の夢』って作品でそれを試みていたけど、ちょっと空振り気味だったし。でも、『吸血鬼～』の処理法はとってもあざやかで、「黒いラカン」を楽しみたい人にはお勧めだ。

まあそんなわけで、僕はラカンという人に対して、ある種の畏怖の念は覚えるけれど、けっして臨床家としては尊敬はできないんだよね。だから自分や自分の家族が病気になっても、診てもらいたいとは思わない。こういうところは、文中に出てくる「N先生」とは大違いだ。こんな態度だから、やっぱり僕は忠実なラカニアンにはなれないんだろうな。でも、この距離感があったからこそ、こんな不謹慎なまでに軽いノリの本が出せたわけだし、まあいいや。

ラカンという人についてはそのくらいにして、ちょっとだけ「精神分析」についても書いておこう。

もうこの一〇年くらい、精神分析は終わった、としきりに言われる。これからは社会学と経済学、あとはええと、いちおう脳科学（笑）ってことになるのかな。そういう風潮のせいか、まあ誰とは言わないけれど、若手の知識人の中には、まるで精神分析や個人病理に言及することは恥ずかしい、と言わんばかりの態度を取る人が多いんだよね。

あえて「個人的感想」として言うけど、そういう人の言説は、記号の操作は巧みだけれど隠喩や象徴の解釈となると、とたんに底の浅いものになっているように感じるんだけど気のせいかな。もっとひどいのになると、表向きは分析を否認しておきながら、「象徴界」とか「転移」といった言葉をさり気なく使っていたりする。典型的な「否認」だね。そんなのはまあ論外だけど。

でもねえ、老婆心ながら言っておくと、精神分析を無視してどうやってジェンダーを理論化するの？　世の中の半分を占めている「女性」について、とりわけその「欲望」や「関係性」について、どんなふうにアプローチするの？　分析なしで本当にやっていける？　本気で心配なんですけど。

その証拠に、みんな「オタク男子」の分析は喜んでやりたがるけど、腐女子はじめ「オタク女子」のことは、いまだほとんど手つかずじゃない。そのほうが楽なのはわかるけど、男子校の文化祭じゃないんだから。

もちろん僕は、『戦闘美少女の精神分析』（ちくま文庫）ではオタク男子の、『関係の化学としての文学』（新潮社）ではオタク女子の分析を試みている。成功しているかどうかは別としてね。特に後者は、腐女子のいう「攻×受」を関係性のマトリックスとして、物語を駆動するダイナミクスを解析しようとした実に画期的な試みだ。誰もそういってくれないから自分でほめておくけどね。でもこの本で栄えある日本病跡学会賞を受賞してるんだから、単なる自画自賛じゃないよ。

分析っていうのは、必ずしも個人の心理だけを対象とするんじゃないんだ。愛や攻撃性、成熟やジェンダー、関係性や集団力動を扱ううえでも、まだこれに替わる理論的な枠組みがない。エヴィデンス（科学的根拠）がないからトンデモだって？　愛やジェンダーや関係性にも常にしっかりしたエヴィデンスがあるはずだ、というキミの「思い込み」についてはどう思うの？　そこまでちゃんと考えてみた？

僕の敬愛する批評家チェスタートンに、こんな箴言がある。

「人を正気たらしめてきたのは、何あろう神秘主義である。神秘主義の功績、それは即ち人は理解し得ないものの力を借りることで、初めてあらゆるものを理解することができるということである。」

はい、これはまぎれもない「否定神学」ですね。で、僕はこれがまぎれもない真理だとおもうわけ。だって、誰だって、キミだって「自分がいますぐ死んだりしないこと」や「自分の家が今夜地震で潰れたりしないこと」を無根拠に信じているわけじゃない？

すべてを凝ったら生きていけない。システムや日常への根拠のない信頼があるからこそ、今日もパニックにならずに生きていける。そうじゃないか？ ほんとうに震災が来てしまった今だから言えることは、去年までの僕たちが、たいした根拠もなしに東京電力を信じ切っていたってことなんじゃないの？

否定神学って言うのは、人間の基本ＯＳの構造そのもの。だから、そこから否定してかかると、いくらでも斬新で面白い理論が作れるけど、やっぱり賞味期限は限られてくると思うんだよなあ。

そして、こういう否定神学的な構造について語らせたら、やっぱりラカンがけっこう最強なんだ。忠実なラカン愛好家には悪いけど、人格者じゃないからこそ理論的に突き抜けられるってことはあると思うんだよね。ラカンがその典型。

え？　そういうお前はどうかって？　うん僕もまあ人格者ってガラじゃないけどね。そういう性格の悪いラカニアンが性格のいい脳科学者と論争したらどうなるかっていうことに興味があるなら、茂木健一郎さんと僕の往復書簡『脳と心』（双風舎）がお勧めだ。われながら面白い本だし、いかにも売れそうな企画なんだけど、いまひとつだったなあ。僕が飛ばしすぎたせいか……たぶん茂木さんが関わった本ではダントツに売れなかった本だと思う。面白いんだけど。

いいかげん長いあとがきになったのでこのくらいにしておくけど、最後に二人の〝恩人〟に特大のお礼を。

表紙のイラストをお願いした荒木飛呂彦さんとは、幸運にも長年親しくおつきあいさせていただいているけれど、仕事でご一緒するのは今回がはじめてだ。そして出来たのがこの表紙。素晴らしい。「日本一わかりやすいラカン入門」に加えて「世界一カッコ良い表紙のラカン本」という付加価値が加わってしまった。ラカンの「鬼畜」っぷりまで如実に出ている。まさにレクター＝ラカン（ちなみにネクタイは〝吉良吉影〟バージョン、僕も持ってます）。荒木さん、ありがとうございます。

それと解説を書いて下さった中島義道さん。以前、中島さんの文庫解説を書かせていただいたご縁があったので、お願いしてみたら快諾していただけた。こちらも素晴らしい。ラカンや精神分析の理解と、いわゆる「頭の良さ」が、まったく別物であることがよくわかる。感性というか相性の問題が大きいのだ。それにしても「日本一まともなラカン入門」とまでほめていただけるとかえって恐縮してしまう。中島さん、ありがとうございました。

二〇一一年一二月二七日　市川市行徳にて

斎藤　環

ラカン主要著作リスト

文献の紹介とかはウェブで検索すれば充実したサイトはいくらでもある。だから必要ないかなと思ったけど、やっぱりご本尊には敬意を表して、原著の翻訳をリストアップしておこう。翻訳的にも内容的にも、エクリよりはセミネールのほうが読みやすいと思う。いきなりエクリにチャレンジしたいひとは、英訳本とかと並行して読んだ方がわかりやすいと思うよ。

■ラカンの著作（邦訳）

『フロイトの技法論』上下巻（セミネール1）小出浩之・鈴木国文・小川豊昭・小川周二、笠原嘉訳、岩波書店、1991年

『フロイト理論と精神分析技法における自我』上下巻（セミネール2）小出浩之・鈴木国文・小川豊昭・南淳三訳、岩波書店、1998年

『精神病』上下巻（セミネール3）小出浩之・鈴木国文・川津芳照・笠原嘉訳、岩波書店、1987年

『対象関係』上下巻（セミネール4）小出浩之・鈴木国文・菅原誠一訳、岩波書店、2006年

『無意識の形成物』上下巻（セミネール5）佐々木孝次・原和之・川崎惣一訳、岩波書店、2005年

『精神分析の倫理』上下巻（セミネール7）小出浩之・鈴木国文・保科正章・菅原誠一訳、岩波書店、2002年
『精神分析の四基本概念』（セミネール11）小出浩之・新宮一成・鈴木国文・小川豊昭訳、岩波書店、2000年
『エクリ』1～3巻、宮本忠雄・佐々木孝次訳、弘文堂、1972、77、81年
『二人であることの病い』宮本忠雄訳、朝日出版社、1984年
『ディスクール』佐々木孝次訳、弘文堂、1985年
『家族複合』宮本忠雄・関忠盛訳、哲学書房、1986年
『人格との関係からみたパラノイア性精神病』宮本忠雄・関忠盛訳、朝日出版社、1987年
『テレヴィジオン』藤田博史・片山文保訳、青土社、1992年

■ラカン関連の著作

入門書もちょっとだけ挙げとこう。どれも素晴らしい本だけど、この本よりは少しばかり難しいかな。この本を読んで、こんなんじゃ物足りない、でもいきなり原著は……っていうひとは、このあたりから読むといい。健闘を祈る。

福原泰平『現代思想の冒険者たち　ラカン──鏡像段階』講談社、1998年

藤田博史『性倒錯の構造—フロイト・ラカンの分析理論』青土社、1993年
新宮一成『ラカンの精神分析』講談社、1995年
ロラン・シェママほか編『精神分析事典』小出浩之・新宮一成・小川豊昭・加藤敏・鈴木国文訳、弘文堂、2002年

解説　日本一まともなラカン入門書

中島義道

先日、長谷川三千子さんに私の主宰する「哲学塾」で特別講演してもらった。道元がテーマなのだが、さわりとして私の哲学を「どうせ死んじゃうの哲学」と一言でまとめ、それは善良で健康な人の哲学だと言われた。私には、彼女のこの分析がすごくよくわかる。私がかくまでに善人を嫌悪するのは、私が根っからの善人であるからであり、かくも心身の健康に価値を置いていないのは、私が掛け値なしの健康人だからである。

斎藤環さんとは面識はないが、私の「ひきこもり歴」に専門家の立場から興味を持ってくださり、二年前に文庫化した拙著『狂人三歩手前』の解説まで書いていただいた（「哲学への過激な誘惑者」というタイトル）。愛情の籠もったしかも礼儀正しい文章が続くが、最後近くに「ますます中島氏がわからなくなった？　しかし、それで良いのである。（中略）まして、相手は哲学者だ。一見わかりやすい文章のかげにあるわかりにくさに注目するほうが、よほど哲学的な読み方に近づけるだろう」という箇所がある。「哲学などしないように！」という私の読者への言葉が「最も強力な哲学への誘い」なのだから、というわけだが、どうも私には「中島氏が簡単にわかるようになった。しかし、それで良いのである」としたほうがよいように思われる。先の警告が最も強力な（かどうか知らないが）哲学の誘いであることは、誤解の余地がないからである。私の文章は「一見わかりやすく」そしてその奥に「かげにあるわかりにくさ」など何もないのだ。

この解説を読んだとき、斎藤さんは哲学者に幻想（アガルマ？）を抱かれていると思った。そして、「哲学はわかりやすい」はずだ、という私の見解と見事にずれている点、（私の与える意味で）哲学的ではないとも思った。

そして、私はラカンにも同じ印象を持つのである。

ここでやっとラカンだが、ラカンは私の頭脳ときわめて相性が悪い。五年前の夏からラカンの「カントとサド」の翻訳研究会に出るように誘われ、その翻訳完了後「セミネール」七巻を読む会へと続いていったが、回数を重ねるに連れて居心地の悪さを覚えるようになった。それは、「われわれはAが欲しいように見えるが、じつは本当に欲しいのはAではなくBである」を初めとして、どこまで行っても「Aに見えるが、じつはAではなくBである」という論理（とそのヴァリエーション）だけ。「Aに見えて、かつAである場合はないのか！」と叫びたくもなってくる。私は（人間を含めた）世界の単純性を信じており、私にとって世界は単純なまま不気味なのである（例えば「見える」ということ）。

だから、フロイト・ラカン派の「公理」をなすエディプス・コンプレックスを初め、ペニスの象徴としてのファルスとか、去勢コンプレックスとか、ペニス羨望とか……の話をじっと聞いていると、その荒唐無稽さと血なまぐささに辟易し、いままで一度も納得したことはない。私には醜悪なもの・グロテスクなもの、あるいは奇想天外なもの・非常識なもの（ヴァーチャルリアリティー）に対する関心がほぼゼロである。マンガもアニメも受け付けず「おたく」の気持ちの片鱗もわからず（だから、斎藤さんから『戦闘美少女の精神分析』を送ってもらったときは困った）、映像でも、流血シーンも殺人シーンも暴力シーンも、SFも妖怪変化も一切ダメ、小津安二郎の映画が一番いいのだから、研究会のメンバーが、病的であること、異常であることを大真面目にかつ嬉々として語り続ける雰囲気に馴染めなかったのも当然である。

さて、いよいよ本書であるが、それまで、ラカン研究者であるジジェクとかジュパンチッチとかバディウとかコプチェクとかの言葉の肉塊のような肌触りに違和感（不潔感？）を覚えていたので、斎藤さんの書きぶりの清潔さ（斎藤さんの他の著作も同じだが、血なまぐさいことを書いても不思議に淡白である）に、ジャングルに一筋の路と喜び感動して、斎藤さんに「ラカンのことがよくわかりました。タイトル以外は素晴らしいと思います」というお礼の手紙を書いた。

だが、今回この「解説」を書くために読み返してみたが、私は本書の語り口の清潔な感触だけを受け容れたのであって、やはり「わからない」のであった。それにしても、カントの超越論的観念論も、フッサールの超越論的現象学も、ハイデガーの基礎的存在論も、西田幾多郎の場所論も、大森荘蔵の立ち現われ一元論も、ニーチェの永遠回帰さえ、どうにかわかるのに、ラカンのシェーマLとか象徴界、想像界、現実界、およびそのボロメオの輪がどうしても頭に入ってこない。カントの「物自体」は（実感を伴って）わかるのに、ラカンの「物」は（実感を伴って）わからない。カントの「善意志」は（実感を伴って）わかるのに、ラカンの「欲望」は（実感を伴って）わからないのである（ついでに、中に登場してくる『マトリックス』とか『モンターズ・インク』などは皆目わからず、頻出する「ベタだ」という若者言葉（？）の語感もつかめない）。

原因を探るに、初めに戻るが、私はうんざりするほど善良で健康だからであろう（これに「単純」を付け加えてもよい）。つまり、私の中核には確固とした（ダサイほどの）言葉と他人に対する信頼感がある。私は自分の言葉が他人に理解されうることを根底のところで信じているし、他人の行為も普通の意味で信じている。さらに、私には確固とした（クサイほどの）善・悪の基準に対する信頼がある。現代日本の善悪の基準は九〇パーセント「正しい」んじゃないかと思っている。だから、斎藤さんの著書の内でも『関係する女 所有する男』や『母は娘の人生を支配する』など抽象度の低い日常的テーマを扱ったものは、身につまされてよくわかる。

あらためて反省してみるに、若いころ、人生に悩み、ひきこもり、自殺未遂までしたが、それは哲学が自分から奪い去られそうになったからであって、(さまざまな僥倖によって)また哲学が与えられると、たちまち治ってしまった。私の「病」はかくも単純かつ健康なのであって、フロイトやラカンの記述している患者の症例は何度読んでも興味を覚えず、すぐに忘れてしまう。それらすべての代わりに、六歳のころから「死」のことだけを考えてきたことはウソではない。斎藤さんも、先の「解説」で「死の恐怖に哲学的思索で対抗するという戦略は、いわば毒を以《もっ》て毒を制するという発想であって、よほど健康な自我がなければ担《にな》い抜けるものではない」と見抜かれているが、確かに圧倒的な力を有する「死」を横に置くと、すべてのものは色褪せてしまい、悩むに足りないものになってしまう。世界はがっしりと存立し、その相貌はとても単純であり、「死」に対抗する哲学が与えられている限り、こうして私は精神病に陥る気配もなく至極健康なのである。

斎藤さんはお医者さんだから、この機会に「一症例」を提供してみたわけだが、どう診断されるであろうか？

本書(単行本)の「あとがき」で、斎藤さんは、本書について「日本一わかりやすいラカン入門書」という看板を下すつもりはないと書かれているが、それに加えて「日本一まともなラカン入門書」という看板も追加されたらどうだろう？「けれん」に満ちたラカン紹介書・入門書が渦巻く中で、衒いも奢りもなく、あくまでも優しく真摯にラカンについて語られる斎藤さんは、じつにまともな「ラカンへの誘惑者」である。私のようなへそ曲がりもつい「よくわかりました」と思い込む錯覚に陥るほどよくできた本であって、正直のところ中学生にはちょっと難しいが、高校生から上の「ものを考える」日本人（日本語の読める人）すべてにお薦めの本である。

（なかじま・よしみち　哲学者）

ラ

サ

カ

索引

ジャック・ラカン（1901−1981）

本書は二〇〇六年一一月、バジリコより刊行された。

ちくま文庫

生《い》き延《の》びるためのラカン

二〇一二年二月十日　第一刷発行
二〇二五年五月十日　第十二刷発行

著者　斎藤環（さいとう・たまき）

発行者　増田健史
発行所　株式会社　筑摩書房
東京都台東区蔵前二―五―三　〒一一一―八七五五
電話番号　〇三―五六八七―二六〇一（代表）
装幀者　安野光雅
印刷所　中央精版印刷株式会社
製本所　中央精版印刷株式会社

ISBN978-4-480-42911-7 C0111